प्रकाश-वृत्ति

मलयगिरि का प्रेत

रज़ा फ़ाउण्डेशन | THE RAZA FOUNDATION

मलयगिरि का प्रेत

सुशोभित

वाणी प्रकाशन

प्रकाश-वृत्ति
रज़ा फ़ाउण्डेशन और वाणी प्रकाशन का सह-प्रकाशन

वाणी प्रकाशन
4695, 21-ए, दरियागंज, नयी दिल्ली 110 002
फ़ोन : +91 11 23273167 फ़ैक्स : +91 11 23275710
शाखाएँ
अशोक राजपथ, पटना 800 004, बिहार
कॉफ़ी हाउस कैम्पस, महात्मा गांधी मार्ग, इलाहाबाद 211 001, उत्तर प्रदेश
महात्मा गांधी अन्तरराष्ट्रीय हिन्दी विश्वविद्यालय, वर्धा 442 001, महाराष्ट्र
www.vaniprakashan.in
marketing@vaniprakashan.in
sales@vaniprakashan.in

MALAYAGIRI KA PRET
by Sushobhit

ISBN : 978-93-88434-14-0
Poems

प्रथम संस्करण

मूल्य : ₹ 325

आर. टेक ऑफ़सेट, दिल्ली-110 032 में मुद्रित

वाणी प्रकाशन का लोगो मक़बूल फ़िदा हुसेन की कूची से

चुनु के लिए
कविता की यह
पहली किताब

आमुख : अशोक वाजपेयी

प्रकाश अत्यन्त प्रतिभाशाली कवि और आलोचक थे जिनका दुर्भाग्य से 2016 में दुखद देहावसान हो गया। वे एक भाषा-सजग शिल्प-निपुण कवि और सजग-सम्वेदनशील आलोचक थे। रज़ा फ़ाउण्डेशन ने उनकी स्मृति में 'प्रकाश-वृत्ति' स्थापित करने का निश्चय किया जिसके अन्तर्गत सुपात्र और सम्भावनाशील युवा कवियों और आलोचकों की पहली पुस्तकें प्रकाशित करने की योजना है।

यह पुस्तक इसी वृत्ति के अन्तर्गत प्रकाशित हो रही है और हमें विश्वास है कि सुशोभित सक्तावत के पास कविता में कुछ नया-ताज़ा और मर्मस्पर्शी कहने की प्रतिभा और सामर्थ्य है। उनके इस संग्रह को प्रस्तुत करते हुए हमें प्रसन्नता है।

अनुक्रम

भाखा के भेद में कवि

पूर में बही छतरियाँ
जो मेंह की ढाल थीं
मेंह के भीतर ही बना लेती हैं घर
कटहल के लदे-झुके गाछ
छींक भर तुहिन के नहान में।

पर अपना कहाँ पे ठौर?

पाखी का नीड़ पाँख भर
उड़ान की अपठित स्वरलिपि में
दाड़िम का उस ललाई में
भोर का नभ जिससे लजाता है
तृण का पवन के परस में।

पर अपना कहाँ पे ठौर?

कागद गन्ध के वन में रहता है
धान की लहर में भिनसार।
बैंजनी की धूजती लपट में रहता है धनक
एकादशी के शयन में देव।

पर अपना कहाँ पे ठौर?

देह बसी है रुधिर के राग में
भाखा के भेद में कवि
सुख की परतीत में मृत्यु
बरगद के कोटर में बसता है ब्रह्मा का मन
जहाँ चींटियों के अन्न का कोठार।

पर अपना कहीं ना ठौर!

ज्वर में वर्षा

रक्त में तैरतीं
छतरियाँ और नावें!

ज्वर की
तपती हुई त्वचा पर
बारिश का चन्द्रमा!

जब,
धमनियों में टूटता है
तिमिर के धनुष
की तरह।

तब,
जनवरी के
धूजते तलुओं पर
देखता हूँ–
मोम का आलता।

और बरामदे में झाँकती
कन्दीलों का कौतुक।

पारे की कनात
वहीं—
चू रही होती है
भाप के कपोलों पर।

भाप के काँचघर में

बहुत उजला वह
देवताओं का दुकूल
जहाँ झुकता है
भाप के काँचघर में
पक रहे होते हैं
तितलियों के गीले विषण्ण रंगों
के धनक।

और ये इतने खुले हुए घाव
आकाश में रौशनी
दिशाओं में दूरियों
के घाव।

ऊष्मा की पीताभ उसाँस में
डूब रहे हैं।

नीले बेछोर रूमाल पर उभरता है
पीले कनेर का रेखाचित्र।

देवताओं के उस पहर

(बेटे समाहित के लिए)

देवताओं के नहान के
उस मुँहअँधेरे पहर
कच्चे दूध के गात पर
गाछ पके शहद के
छत्ते की चुअन।

आँखों पर काजल की
एक रेख जहाँ मेट देती है
दिनमान के देश-प्रान्तर।

देवताओं के शयन के
उस विवस्त्र पहर
शीत में कँपकँपाती
मेरी अस्थियों पर
किरनों के कपास का सूत।

विद्युल्लता की तरह
लहराते रंगीन फीते
जहाँ गिरते हैं गन्धर्वों की नींद में।

देवताओं के रुदन के
उस विषण्ण प्रहर
दिगन्त में फैलती है
तुम्हारी खिलखिलाहट
की चाँदनी!

मेरी अस्थियों का जलपोत

हर मुख की
अस्फुट
वर्णमाला।

घास-तृण की उनींदी हिलोर में
आईनों का शहर
रौशनियों के आदमक़द
प्रतिबिम्बों से भर उठता है।

एक दीप्ति के आवर्त में डूबता-उतराता व्योम।

(अछोर में छूटा बाण
जहाँ प्रत्यंचा के
कम्पन में ओझल)

तृषा के तट पर वहीं
सुलगते हैं
रक्त के गुलाब।

मरीचिका के उसी क्षितिज पर
तिरता है मेरी अस्थियों
का जलपोत

सन्ध्या के शंख में फूँक जैसी चाँदनी

जल में
स्याही की बूँद
फैलती है।

त्वचा की रोमावलियों में अब
शीत का रोमांच।

(कौन-सा वह मृगदाव
जहाँ पर्णपात का शब्द ही
हरिण का पाश है?)

पलकें झिप जाती हैं
एक डूबती हुई लय में ज्यूँ
मन्द्र का स्वर-परिवर्तन।

किन्तु लहू के भीतर
खुलती नहीं खिड़कियाँ
और क्षितिज पर पटाक्षेप
का वह म्लान-मुख
तिमिर का सिंहद्वार है।

केवल—
सन्ध्या के शंख में
फूँक जैसी चाँदनी!

नभ की नीली डूब ही उसके देश का पथ

चन्द्रमा की जलराशि में
रेत का गात।
रह-रहकर
रोमावलियों के वन
में हर्ष।

एक रक्तिम-रेखा क्षितिज पर खिंचती है।

इतना पका कि—
गाछ पर ही गल गया
एषणा का आयुफल।
तृषा का आतप ही
उसकी तुष्टि का जल हुआ।

अंग (केवल) एक जनपद है
अनंग उसका क्षेत्रपाल।
(क्षेत्रपाल रक्षण करे या आखेट?)

ऊष्मा में ऊभ-चूभ होता है
अंग का वन-प्रान्तर
(बाँसवन का दावानल)

वह विपथ भी हुआ तो बस–
आषाढ़ के आर्द्रा में
माघ का मेघ हुआ,
जैसे धवल बलाका।

और ग्रीष्म के गह्वर में
नभ की नीली डूब ही
उसके देश का पथ।

कुलदेवता

सुदूर देश-प्रान्तर में नहीं
सीमान्त पर नहीं किसी
दिशा-विकट ग्राम के
होलकरों के लालबाग
महल के प्रांगण में
विराजे थे वे 'कुलदेवता'

हम मित्र चार रुके, झुके, और अवलोके—
किसी को उनमें दिखे 'शेषावतार'
किसी को मराठियों के 'वीरगळ'
किसी को 'ठाकुरदेव' किसी को 'बैगाजी'

मुझको दिखा
केवल गारा
केवल काई!

और मुझे दिखी स्तुति, जो सर्पदंश की काट थी
मुझे दिखा भय, अहर्निश गलाती थी जिसे विपदा
मुझे दिखा आशीष, जिसके संकेताक्षर अब अपठित।

पागा और पगही उतारकर ही प्रवेश करते थे पाहुन
लेपते थे सेन्दुर जलाते थे घी का दीपक

‘सोमती अमावस’ के नहान में आये ग्रामवृन्द

माथा नवाकर ही बढ़ते थे आगे
‘बाँकेबिहारी मन्दिर’ की ओर!

कहीं पीपल तले विराजे होंगे कहीं पोखर तीरे
कोई कहता होगा ‘डीह’ कोई ‘ठकुरदिया’
कोई टीला कोई देवल
मातृका हो तो ‘सतबहिनियाँ’
देव हों तो ‘राय मुण्डा’
नाग हों तो ‘वासुकि’

किन्तु सभी जन मन ही मन
बुदबुदाते होंगे एक ही मन्त्र–
अनिष्ट से दुर्दैव से
ग्राम और कुल की
रक्षा करो, ओ देव!

सुदूर देश-प्रान्तर में नहीं
ग्राम के सीमान्त पर नहीं
लालबाग़ महल के अहाते में
मिले वे कुलदेवता जिन्हें शीश नवाते होंगे
महाराजा मल्हारराव होलकर जब सन्ध्या को
निकलते होंगे सैर पर जलपान के पश्चात।

किसी ने देखा उसमें तेज़ किसी ने तप
किसी ने धन-धान्य का वरदान!

मुझको दिखा
केवल गारा
केवल काई!

जिस अडोल चित्त से देखा होगा 'राजबाड़े' का बिम्ब

(हिन्दुस्तान के पहले 'सेलेब्रिटी फ़ोटोग्राफ़र' थे लाला दीन दयाल! 1844 में मेरठ में जन्मने और 1905 में बम्बई में मर खपने के बीच लालाजी ने अपने छायाचित्रों के माध्यम से उस वक़्त के अब भूले-बिसरे भारत के भू-भाग का अभूतपूर्व वृत्तान्त रचा! वे मूलतः इंजीनियर थे। इन्दौर में फ़ोटोग्राफ़ी का चस्का लगा। 1875 में प्रिंस ऑफ़ वेल्स के शाही लवाजमे के साथ घूमे और तस्वीरें उतारीं। सर लेपल ग्रिफ़िन ने 'द फेमस मॉन्यूमेण्ट्स ऑफ़ इण्डिया' शीर्षक से उनकी तस्वीरों का एक 'पोर्टफोलियो' छपवाया था, जिसमें खजुराहो की तस्वीरें लब्धप्रतिष्ठ हैं। बाद इसके, हैदराबाद के निज़ाम के यहाँ दरबारी छायाकार बने और रानी विक्टोरिया के निकटस्थों में भी जगह पायी!)

रात्रिभोज के बाद निकले होंगे टहलने
गाल में दबाये गिलौरी लौंग के रस से सुन्न
जिह्वा लिए 'राजबाड़े' को देख ठिठके होंगे
आँख से तौला होगा जैसे तराजू का काँटा डिगता है फिर
थिर हो जाता है एक 'फ्रेम' बनी होगी ज़ेहन में।

फिर मन कहाँ लगा होगा इन्दौर की रेसीडेंसी स्थित
पब्लिक वर्क्स दफ़्तर के पीले काग़ज़-पत्तरों में!

कौन जाने कब उतारी होगी पहली तस्वीर
जब कौतुक से देखा होगा तुम्हें 'खजूरी बाज़ार' में
शिन्दे के मोहल्ले से आकर मालपुआ खा रहे

जनवृन्द ने कि एक आँख दबाये ये महाशय
कौन से निशानेबाज़ चिड़ीमार हैं!

कब धोयी होगी पहली 'फ़ोटोग्रेव्योर फ़िल्म'
कैसे निहारा होगा उसे देर तक किन शब्दों में
दी होगी दाद महाराजा तुकोजी राव होलकर ने
सोच में ना डूब गये होंगे महाराजा कि पत्थरों से बना
उनका राजमहल कितने साल बचेगा दरारों से
कहीं उससे भी उम्रदराज़ तो ना साबित होंगी
लाला दीन दयाल की तस्वीरें!

चार हाथी चौहत्तर घोड़ों वाले उस लाव-लश्कर के
गरजकर चलने से उड़ा धूला आज भी घिर आता है
मेरी बरौनियों पर जिस पर होकर सवार मापा था तुमने
बुन्देलखण्ड का चप्पा चप्पा और तब बहुधा सोचता हूँ कि
किन शब्दों में सर लेपल ग्रिफ़िन ने कहा होगा—
"ऐसी उम्दा 'प्रोफ़ाइल' चाहिए मुझे
कि एक सीध में दिखाई दें खजुराहो के
'उरुशृंग', 'महामण्डप' और 'अधिष्ठान!'"
और तब तुमने एक आँख मींचकर
दबाया होगा क़ैमरे का खटका।

और 'हनमकोण्डा' के सहस्र स्तम्भ वाले उध्वस्त मन्दिर में
कौन-सी शिला पर जाकर बैठे होंगे जिसे राजा रुद्रदेव ने
सन् ग्यारह सौ तिरसठ में यह सोचकर बनवाया होगा कि अब
प्रलय की तिथि तक नहीं डिगेगी इस मन्दिर की नींव
अमर रहेगा अनन्तकाल तक 'काकतीय' नरेशों का कुलनाम।

अमरत्व के आराधक थे अगर तो काँपा तो होगा मन
अडोल मन से कहाँ क़बूल कर पाये होंगे बशीरबाग़ में
सिकन्दराबाद के निज़ाम से 'राजा' की सनद!

अठारह सौ तिहत्तर की उस शाम जिस निश्चल चित्त से
'राजबाड़े' को निहारा होगा तुमने लौंग से सुन्न जिह्वा लिए
फिर उस चित्त को किस सन्दूकची में सम्हालकर
रख पाये होंगे 'लालाजी'?

रविवार की अन्यमनस्क सन्ध्या मैंने देखी वह गान-यक्षिणी

इन्दौर में 'छत्रीबाग' के समीप
जहाँ सरदार चिमनजी अप्पा साहिब
की छतरी है कोठारी बाज़ार से आगे
जहाँ सरस्वती नदी थी कभी जो अब खेत रही
सैन्धव सारस्वतों वाली सरस्वती नदी की तरह
और जाने किन सदियों में झर गये उसके चौदह सेतु

वहाँ रविवार की उस अन्यमनस्क सन्ध्या को
देखी मैंने वह गान-यक्षिणी।

ग्रीवा और कटि पर 'त्रिभंग'
जैसे गानसभा की 'शालभंजिका'
कटी कलाइयों खण्डित नासिका वाली प्रगल्भा
स्वर्ण के कर्णफूल मराठी पल्लू की अठपहलू साड़ी
नंगे पैर अधर पर मन्दस्मित की स्मृति
अभिसार के प्रणय-संकेत सजीव
कि देह में जाग उठे एषणा का ताप
वैसा उसके निमन्त्रण का शोक!

पखावज पर मार्तण्ड राव ने
बजाया होगा 'ध्रुवपद'
कृष्णपुरा तक गूँजी होगी

मंगूबाई बीनकार की रुद्रवीणा
सारंगी पर लहरा देते उनींदे हो रहे होंगे
घग्घे ख़ाँ साहब के दो 'गण्डाबन्ध' चेले।

संवत् उन्नीस सौ एक में जब
'बोलिया सरकार की छतरी' पर
जमी होगी होलकर रावों की बैठकी
और ब्रह्मवेला तक तत्कार में काँपते रहे होंगे
जिस यक्षिणी के पाँव।

रविवार की उस ललछौंही सन्ध्या
देखा उसे समय के घेर में अचल
तो ठहर गया वहीं हो गया मन उन्मन।

नहीं गया फिर राजबाड़े की बक्षी गली
जहाँ से मोल लेना थी प्रेयसी के लिए
ताम्र-कंकनों की एक जोड़ी।

जनयूथ के उसी पथ का गीत है

(यह कविता उड़िया महाकवि श्री बिनोद चन्द नायक एवं उनके अपार्थिव 'पथेर गान' के प्रति एक विनत आदरांजलि है। वह कविता श्रीनरेश मेहता के उपन्यास 'यह पथ बन्धु था' का पुरोवाक् और अन्तर्भाव भी थी।)

"इस पथ से लौटती ग्रामवधू/
भोरे भोरे नहान के बाद एकाकी/
बनाती पथ पर सजल पाँव के चिह्न!"

ईसवी सन् उन्नीस सौ उन्नीस में
ओडिशा के गाँव तेलीपाली में
जन्मे थे श्री बिनोद चन्द नायक
जब चिल्लिका झील में क्षार
अधिक था तैल कम क्लेश कम
अरे वही : 'पोहला द्वीपेर उपकथा'
के यशस्वी गायक!

जब वयस सींझी तो रचा बारह बन्धों
का 'पथेर गान', वह बना लोकश्रुति
मन मसोसे रह गये शेष कविवृन्द
कातर स्वर में गाते रहे असार—
"एक गान हम लिखिबे चाहीं
जन-जन जीके गाईं!"

पथ का गीत था—
बिभूति भूषण के ग्रामोख्यान से विलग
काशतण्डी के फूलों, खसखस की सर्पिल झाड़ियों
सेमल शाखा, कुमुद पोखरी, पोई साग, स्नान घाट
की गन्ध, खरोंचों, तृप्तियों और फिसलनों से हिला-मिला।

उस ग्रामवधू का गीत जो जिस पथ से
जाती थी भोरे भोरे नहान को
पुत्र, पुत्री, नाती-नातिनों में खटकर
फिर उसी से लौटी मसान!

उस पाथेय विहीन पथिक
के भी मर्म का छन्द
बाँस वन वितान में जिसके
भिक्षुक प्राण रहे क्लान्त!

उसी पथ को देखा होगा कवि ने पलकभर
तो करुणा के आप्लावन में गाया होगा
अवरुद्ध कण्ठ से :

"आशिबा जनेर साक्षी, पथ फेरिबा जनेर बोन्धु!"

("यह पथ
आनेवाले का साक्षी है
जानेवाले का बन्धु!")

कि वह पथ बन्धु था
विदा के निःशेष निमिष में

जब पूस जम गया था अस्थियों में
मज्जा में हिम सा शीत!

कि वह पथ साक्षी था
जब आरम्भ के अक्ष पर
टिका था प्रारब्ध
शेष के मस्तक पर डोली थी पृथिवी
विपद् के अनुमान से!

कि वह पथ बन्धु था
सर्वजन का सहचर था
नाम के आगे चाहे
रथ लिखें या दास
मोहन्ती या महापात्र!

जनयूथ के उसी पथ का
गीत है उसी पथ की वन्दना!

पुरी के पुराश्रृंगों पर
धूप का लेप था
कोणार्क के गतिरथ में
पवनवेग का शब्द।

और मानुष का कल्याणमित्र था
वह पथ जो साक्षी था और मौन
हेतु था और निमित्त
वही तो बन्धु है!

‘कालीजाई’ के ‘अजबलि’

(उड़ीसा की चिलिका झील में एक द्वीप पर देवी कालीजाई का मन्दिर है। यहाँ बलि के लिए लाये गये पशु की हत्या नहीं की जाती, उन्हें द्वीप पर अकेला छोड़ दिया जाता। द्वीप पर वनस्पति नहीं है और झील का जल अत्यन्त खारा है। पशु यहाँ भूख-प्यास से मिमियाते दम तोड़ देते हैं। सम्भवतः अब इस प्रथा पर रोक लगा दी गयी है।)

केवल अम्ल केवल क्षार
स्याह काले जल के अछोर प्रसार में
एक बूँद वैसी नहीं जो कण्ठ को तोष दे
प्राण को दे वह पोषण जिसके भीतर बसते हैं देवता
एक छतनार वैसा नहीं जो छाँह दे
एक पर्ण नहीं जिसमें हरित की वाष्प!

‘चिलिका’ के ये ‘अजबलि’ कालीजाई के ग्रास हैं!

इनके आर्तनाद से बढ़ेगी तुम्हारी पुण्यई
वैकुण्ठ जाओगे छकोगे छप्पन भोग
तब क्या प्यास से विकल होकर दम तोड़े बलिपशु
के चाम की दुर्गन्ध से विचलित तो ना होओगे?
मुख पर रखकर हाथ कै तो ना करोगे?
उठ तो ना जाओगे छोड़कर अधूरा थाल
इन्द्रपुरी के भुवन में?

उत्कल प्रदेश के इन 'सैकत-पुलिनों' पर
जब आये थे महाकवि राधानाथ राय
तो चिलिका की प्रशस्ति में गा उठे थे :
"उत्कल कमला विलास दीर्घिका
मराल मालिनी नीलाम्बु चिलिका।"

चिल्काय सकाल में तालनारिकेल के वृक्ष देख
विभोर हो उठे थे बुद्धदेव बसु गा पड़े थे मन्द्रस्वर में
"की भालो आगार लागलो आज ऐइ सकाल बेलाय
की निर्मल नील ऐइ आकाश की असाध्य शुन्दोर!"

महानदी के बालूनिक्षेप से निर्मित
इस अछोर झील के उथले जल में करते नौकायन
कभी रुके होंगे इन्द्रप्रस्थ कभी वारीकुड
क्या तब भूले से भी सुना होगा उन्होंने
कालीजाई के अजबलि का आर्तरव
क्षुधा और तृषा से आकुल निस्सहाय मिमियाहट?
कहीं हठात मूँद तो ना लिए होंगे नेत्र?

स्मरण में गूँजता है कवि उमा शंकर का स्वर :
"जीवित अजबलि की आर्त मिमियाहट को
तटतरु की पर्ण मर्मर डुबो सकेगी क्या?"
इसी प्रश्न से आज मैं भी विकल!

सिर पर जब तपेगा ज्येष्ठ का निदाघ
और खारे जल की वाष्प से भर जायेंगे फेफड़े
जल की एक एक बूँद को तरसते फिरेंगे बलिपशु
तब रीझेंगे तुम्हारे देवता मुस्कराएगी कुलदेवी?

तुम्हारे जैसी नासिका तुम्हारे जैसा मुखमण्डल
अपनी ही छवि में तुमने रचे वे देव
अपनी इतनी अवरुद्ध इतनी सीमित
कल्पनाओं का दण्ड क्या पशुओं को दोगे कि
निर्वंश हो मरें उत्कलप्रदेश के अज और महिष!

दक्षिणेश्वर में रक्त से तृप्त होती है काली
कामाख्या में पशु के मांस से भगवती!
और चिलिका में कालीजाई को
लगता है तृषा का भोग!

और वो तृषा तुम्हारी नहीं वो तप नहीं वो क्षोभ नहीं
केवल पुण्य तुम्हारा है, और केवल कलंक तुम्हारा!
चीत्कारों से भरी दोष की चेतना तुम्हारी है
जब लौटोगे अपनी आत्मा पर लादे
अजबलि के आर्तनाद का कोरस!

देखा मैंने बलिपशु

मैंने देखा एक अजबलि!
कण्ठ पर रज्जु बाँधकर चौक से लिए जा रहे थे
उसे हँसते खिलखिलाते बालवृन्द।
और बलिपशु भी कितना तो निर्द्वन्द्व था!
कितना अबोध! कितना आश्वस्त!
जिसके वध में इस बात का ध्यान रखा जाना था कि
पीड़ा की अवधि प्रलम्बित हो।
कि तत्क्षण ना हो मृत्यु!
ताकि व्योम में गूँजे अदृष्ट इष्ट का
अनिष्ट अट्टहास!

तब जाने क्यों मुझे 'ईशहन्ता' का स्मरण हुआ।
इटली के तूरीन शहर में एक अश्व से लिपटकर रोने लगा था नीत्शे
अश्व को कोड़ों से पीट रहा था उसका स्वामी!
उन्नीसवीं सदी का वह पटाक्षेप था!
और तब मैंने सोचा कि ईश्वर के हत्यारों में कितनी करुणा होती है!
उतनी ही, जितनी कि प्रवंचना होती है धर्मभीरुओं में!

मैंने देखा अजबलि तो मन हुआ :
कि जा लिपटूँ जैसे लिपटता हूँ पुत्र से,
स्नेह से दुलार करूँ, त्वचा को सहलाऊँ।
फिर सोचा कि कहीं करुणा का यह प्रदर्शन

क्रूरता को और असह्य तो ना बना देगा,
कण्ठ पर जब धात्विक धार की होगी अनुभूति?
करुणाएँ भी क्रूर होती हैं क्योंकि करुणा से पूर्णतर होती हैं क्रूरताएँ!
करुणा से अधिक अटल, करुणा से अधिक अवश्यम्भावी!

अवश्यम्भावी :
यह शब्द कण्टक की तरह मेरी आत्मा में खटकता है।
अवश्यम्भावी! अवश्यम्भावी!! अटल, अपरिहार्य!!

"जा तुझे मैं मृत्यु को दूँगा" :
वाजश्रवा ने कहा था नचिकेता से।

मैं भी मृत्यु का ग्रास हूँ,
सुनो ओ वाजश्रवा,
सुनो उसके इष्ट!

मैं भी बलिपशु हूँ!

मैं भी मर रहा हूँ प्रतिक्षण,
सुनो ओ ईश्वर!
अन्ततः तुष्ट हो जाओ!

कटहल का धरती पर गिरना

धरा पर 'धप्प' से गिरा
मुर्शिदाबाद वाले मुखर्जी मोशाय
की बगीची में गाछ पर
भरपूर पका कटहल!

अति 'बृहत्फल' था
हरी कीलों और पीले गूदे से भरा
'धप्प' से गिरने के शब्द से
सशंक हो उठीं गिलहरियाँ
जैसे पखावज के वामांग पर
पड़ी हो 'एकताल' की 'सम'
या आषाढ़ की मेघमाला में
'देव-दुन्दुभि' का घोष!

निमिषभर को 'शेष' के
फन पर दोल गयी पृथिवी!

अट्ठाईस सेर से कम का तो
क्या रहा होगा वह
'सन्थाल परगने' का
काँटाल फल!

धरा पर गिरा और फट गया
ऐसे जैसे कि भरपूर पकने पर भी
क्या फटते होंगे दाड़िम!
सेब के गिरने भर पर जिन्होंने
खोज निकाला था 'गुरुत्वाकर्षण'
उन्होंने कभी देखा नहीं होगा
गाछ से कटहल का गिरना!

कितना रस, कितनी सम्पृक्ति!
गन्धमादन बन गयी है 'गांगुलीबाड़ी'
वैशाख की धूप से पका फल था
वायु में पसर गयी है इतनी मीठी गन्ध
जिसे मन को ख़ूब बेकल कर देने में सिद्धि!

थोड़ा आम थोड़ा अनानास
थोड़े बिल्व-गूलर की मिली-जुली
कटहल की वह गन्ध इतनी बौराई
कि त्वचा पर ततैयों के चुम्बनों
की अनुभूति रोमावलियों पर
जैसे चू रहा हो शहद का छत्ता!

विनय सीखना हो
तो सीखो फलों से लदे
दबे-झुके गाछ से
धैर्य धरा से
व्याप्ति मुखर्जी मोशाय
के यशस्वी आम्रकुंज से।
और सीखना हो सन्तोष

तो सीखो कटहल के फल से
जो अपने में इतना सम्पूर्ण
इतना निमग्न और
इतना आत्मविभोर!

धरा पर 'धप्प' से गिरा
कोई अट्ठाईस सेर का वह कटहल
धुरी पर दोल गयी पृथिवी।
फटकर बिखर गया रस, बीज, रेशे!

पंचांग डाक रहा था 'पोचिशे बोइशाख' की तिथि
मुर्शिदाबाद की मण्डी में एक सौ बीस टाका
से कम नहीं लगता उसका मोल
किन्तु किसे परवाह!

धरा पर गिरा है
धूप में सींझ रहा है बंगभूमि के रस का
वह वानस्पतिक वैभव!

आलूबुख़ारों की आमद

समन्दरे-हिन्द की तलहटी में
काई और शैवालों की सम्पृक्ति
में पगी जैसी नमी होती है
उससे भी गीला होता है
आलूबुख़ारों का अन्तस्तल।

सान्ध्य-नभ की
किनोर सा कत्थई
सिमुर्ग के कण्ठ सा सुर्ख़
पहाड़ों की पतली धूप
में सींझा खटमिट्ठा
मृदुल, रसवन्त।

आड़ू का बिरादर है मगर
बरख़ुरदार उससे तेजतर्रार
अनुप्रस्थ काट से देखो कभी
इसके रेशों का अनुचिन्तन
त्रिज्याओं पर रक्तिम
परिधि पर उन्मन।

आसमान से भले ही
आलूबुख़ारों के गुच्छे सी दिखे

बुख़ारा की मस्जिदों के
गुम्बदों की लड़ियाँ
मगर ये तो उज़्बेकी नहीं
काकेशियाई मेवा है।

हाँ अज़रबैजानी दोशीज़ाओं के
रुख़सार ज़रूर आलूबुख़ारों की मानिन्द
सुर्ख़रू सुलगते थे ऐसा पढ़ा है
आर्मेनियाई अफ़सानों की किताबों में!

और इधर पच्छिम में
जिलान के जंगलों के भीतर
अनारों की आगजनी को
मात देता अहले-फ़ारस का
वह सुर्ख़ सितारा।

लीचियाँ छीलना शऊरो-हुनर है
कटहल और अनानास छीलना जीवट
पर सब्र की इतनी दौलत अब कहाँ
मेरे मन को तो अधिक रुचती है
आलूबुख़ारों की गीली
तन्मय सम्मति।

लालबाग़ पर आज की शाम
लेने गया था लँगड़ा आम
लेकर लौटा आलूबुख़ारे।

अगली बारिशों में मिलेंगे
मेरे सरताज भाई पर अभी तो
पहाड़ों के फलों का मौसम है
जिन पर तुहिन का नहान।

मुबारक़ हो सबको बहोत बहोत
फलमण्डी में आलूबुख़ारों की
नयी फ़स्ल की आमद।

जाम्बुल-वन की कन्या

मंगल की मध्याह्न महूनाके पर जामुनों का टोकरा लिए बैठी थी वह ग्रामबालिका और कैसा कौतुक कि सलवार तक जामुनरंगी थी।

आषाढ़ के पन्द्रहवें मेघ की छाँह में छतरी लिए सैर को निकले थे अपने राम। श्रावण की अमावस तक आमों के सिवा किसी और फल का भोग निषिद्ध मानने वाले आम्र के रसिक। केशरबाग़ से झोला भरकर दशहरी आम ले चले थे कि दिखी वह अनिच्छुक अन्यमनस्क। जामुनरंगी सलवार पहने जाम्बुल-वन की कन्या।

जामुनों से कोई विशेष प्रीति हो वैसा तो न था फिर भी ठहर गया। यूँ ही पूछ लिया मोलभाव। उसने यन्त्रवत् रूप से बताया बीस रुपये के पाव। किन्तु उसकी अँगुलियों पर जो ठहरी मेरी दृष्टि तो फिर डिगी नहीं। इतना नील कि नीलांजनी हो गयी थीं अँगुलियों की पोरें तक।

अलसीफूल का अन्तर्मन जिसने देखा हो वही कल्पना कर सकता है उस वर्ण की। या फिर नीलपाखी के कण्ठ का रंग। या धूम्रमेघ की रंगत। स्याह, बैंजनी, सुरमई, रंग तो रंग है, जिस नाम से पुकारो, गहरा गाढ़ा फ़ीरोज़ी।

मेहँदी लगाते-लगाते लाल हो जाते हैं हाथ। हल्दी पीसते-पीसते पीले। कोयले के कारोबार में बरौनियों तक पर ठहर जाती है कालिमा। और जो जामुन का सौदा करे, उसकी अँगुलियों की पोरें तक ज्यूँ विष से नील।

मैंने विनोद में पूछ लिया, ओह कितनी नीली पड़ गयी हैं अँगुलियाँ। उसने अब मन्दस्मित से कहा, हाँ भैया, सुबह से कितने तो जामुन बेचे, पलड़े पर चुन-चुनकर रखने भर से हाथ पर छूट जाता है रंग। और तब जाकर मैंने ध्यान दिया कि सम्भवतः जामुनों के रंग से अधिक मनोरम और कोई रंग नहीं।

ज्वर नहीं था उसको, ना ही मैंने गले में पहन रखा था शिव के विषधर जैसा कोई डागदरी आला, वरना कहता कि तनिक जीभ दिखाओ अपनी।

मन में कौतूहल : कितने सेर जामुन बेचे होंगे भोर से, एकाध छटाँक चखे भी होंगे या नहीं।

शबरी की तरह सत्कार के भाव से नहीं, बल्कि मनोविनोद के निमित्त। क्योंकि जामुन खाकर कैसे तो उन्मन हो उठता है मन जब आषाढ़ के मेघ घिरे हों!

जामुनों की चोरी छुपती नहीं, झट पकड़ी जाती है। बैंजनी पड़ जाते हैं जीभ के तन्तु। जैसे स्याही वाली क़लम को दाँतों में दबाने से मसूड़ों तक चढ़ आता है स्याह रंग।

मुझे याद आयी 'पथेर पांचाली' की दुर्गा, जो ज्वर में तप रही थी, किन्तु जब डाकसाब ने जीभ दिखाने को कहा, तो संकोच से मुस्करा गयी। जीभ भला कौन भलामानुष किसी को दिखाता है, जामुन ही चुराकर खाये हों चाहे। जबकि उस निर्दोष ग्राम्यबालिका ने तो चुराया था मोतियों वाला कण्ठहार।

तन्द्रा टूटी तो किंचित प्रकृतिस्थ होकर कहा, तनिक तीन पाव तौल देना ये जामुन। देखकर ही बता सकता हूँ शकरकन्द से मीठे हैं, जीभ पर तीता-कसैला स्वाद छोड़ जाने के बावजूद।

फिर आम नहीं खाये घर जाकर। झोलाभर दशहरी का बन गया आमरस, जिनका भोग लगाया गया बीयों के साथ रात्रिभोज उपरान्त। और दिवसपर्यन्त जामुन के रंग से नीली पड़ी रहीं अँगुलियों की पोरें, नीली पड़ी रही जिह्वा, जैसे मोरपंखिया चाँदनी।

सिंघाड़ों के तालाब वाला गाँव

कैसे-कैसे मोह मन को जकड़े हैं,
जैसे कि यही कि रेल की पटरी के किनारे बसा
सिंघाड़ों के तालाब वाला वह गाँव
पूर्वाह्न को कैसा दिखाई देता होगा!

क्योंकि कोई दहाई साल हुए,
जब भी वहाँ रेलगाड़ी सीटी देकर ठिठक जाती,
चतुर्दिक् रात्रि-तिमिर फैला होता
और गुहान्धकार में डूबा होता समूचा सरोवर,
केवल जलराशि की निकटता के कारण
शीत की अनुभूति त्वचा की रोमावलियों पर होती
और जलकुम्भों, शैवालों और कच्चे सिंघाड़ों की वानस्पतिक गन्ध
बिजली के मरणासन्न लट्टुओं से आलोकित बोगी की
सींझी सन्तप्त हवा में तैर आती!

दिन में बड़ी लाइन की गाड़ी से चलता था,
रात को छोटी लाइन की गाड़ी से लौट आता।

दो वर्षों तक प्रतिदिन यही उपक्रम,
किन्तु कभी तालाब किनारे वाले उस गाँव को
दोपहर के उनींदे शैथिल्य में नहीं देखा।

कैसे-कैसे मोह मन को जकड़े हैं,
जैसे कि यही कि छोटी लाइन की पटरी किनारे
सिंघाड़ों के उस तालाब की जलउर्मियों को
अपराह्न के आलोक में चीन्हना है!

बेटे की श्वेत-धवल दन्तुरित मुस्कान

लालबाग़ से फूटी कोठी
पैदल जा रहा था,
महूनाके पर दिखे
सिंघाड़े।

कितना मुदित हो गया मन!
अहा, जैसे रात्रितिमिर में
दीपता हुआ ताराकाश।

हमने दो पाव लिए, राहभर खाते-खाते चले।

कुछ अभी गीले ही थे,
ग्रामसरोवर की नमी से भरे।
थोड़े मीठे, थोड़े कसैले।
यों ही नहीं ये
'पानी-फल' कहलाते।

और कुछ थे शुष्क,
एकदम मेवों की तरह।
स्वाद में अखरोटों को भी
करते मात!
हम रुक-रुककर चलते जाते,

बीच-बीच में नाख़ूनों से
कुरेदकर सिंघाड़े खाते
अँगुलियों पर लगाते
कालिख।

चोइथराम मण्डी में
सिंघाड़ों पर चढ़ाया होगा
अजनोद से आये किसानों ने
काक की पाँख-सा कालिमा का वह रंग
ताकि उनके अन्तस का गौरधवल
मणियों-सा दमके।

कि तभी—धत्तेरे की—देखा कि थैली तो फटी थी!
राहभर जाने कितने सिंघाड़े गिर गये होंगे!

मन बुझ गया!

चलती सड़क थी
जाने कितने कुचल गये होंगे
तीव्रगामी वाहनों के पहियों तले
करुणा से भरा मेरा क्लान्त मन
जलदेवता से क्षमायाचना करते
करने लगा कल्पना।

और जो ना कुचले होंगे
वे सफ़ेद तितलियों की तरह
व्याप गये होंगे तिमिर की किनोर तक
अब इस कल्पना से किंचित्

मुदित हो गया मन।

तह करके जेब में रख ली थैली
सँजोकर ले जाऊँगा घर!

बेटा पूछेगा कि पापा आज मेरे लिए क्या लाये
तो झट्ट से निकालकर दिखलाऊँगा वे सिंघाड़े
जैसे कि कोई जादू!

भोर के स्वप्न तक फिर गूँजती ना रहेगी मन में
सिंघाड़े सरीखी बेटे की श्वेत-धवल
दन्तुरित मुस्कान।

जिनकी शिराओं तक में शर्करा!

गाँवों में 'ठाकुरटोला' होता है
टप्पों में ठाकुरों के
पूरे के पूरे गाँव!

चित्तौड़गढ़ में शक्तावत ठाकुरों के
ऐसे ही किसी गाँव से मेरे पुरखे
झाबुआ चले आये थे
जहाँ की सीमाएँ भील आदिवासियों के धनुष की
प्रत्यंचा की तरह खिंचीं!

ठाकुरों में गाँव का नाम
गोत्र बहुमत के आधार पर रखने की परिपाटी।
बहुधा वे अपने नाम में उपनाम की भाँति
गाँव का नाम जोड़ लेते हैं,
बहुधा गाँव के नाम में ही
जोड़ देते हैं गोत्रनाम!

उज्जैन ज़िले में देवास सड़क पर
नरवर के आगे झाला ठाकुरों का
वैसा ही गाँव है : 'कचनारिया झाला!'
जहाँ सन् 2007 के कार्तिक मास में
सिधारी थी अपनी सवारी!

किन्तु 'कचनारिया' में कचनार के दरख़्त नहीं थे
वहाँ तो ग्रामसीमाओं पर बँधे थे ईख के खेत!

ईख को जब जब देखता हूँ
मुझे याद आता है
"रसो वै सः" का
उक्ति चातुर्य!

वैसे ही साँटे के बाड़ थे
जिनकी शिराओं तक में शर्करा!

मन में लोभ था कि बाड़ से
ताज़ा ईख का रस भी लेना है
और गण्डेरियाँ साथ भी ले जाना है,
अतैव बाड़ में श्रमस्वेद साध रही
बूढ़ी काकियों से अनुनयपूर्वक
माँग ली थीं गण्डेरियाँ!

बस इतनी भी कथा थी!

फिर दस बरस बीत गये और अभी यकायक ही
उस दिन की सदाशय मुस्कराहटों वाली तस्वीर दिखी
तो मन मृग हो गया।

गुलाबी उर्दू से भी मुलायम कार्तिक की धूप थी
मेरे कन्धों पर कनेर की तरह खिलती!
किन्तु वय के पंचांग में वो धूपधुली मुस्कान
जाने कहाँ खप रही।

देह में अब मेद आ गया,
केश में किंचित चाँदी।
ठुड्डी पर बारह दिनों की उगी
दाढ़ी खुजाते सोच रहा हूँ,
कहाँ गुम गया हूँ वह मैं!

कचनारिया गाँव में गण्डेरियों की पूँजी पाकर
बालकों सा जो उत्फुल्ल था,
वह मन अब कहाँ खो रहा!

मलयगिरी का प्रेत!

यह जीवन तो इतने 'शोक' में कटा!

होने के सन्ताप में।
वेश के क्लेश में।

अगले जनम जो अवसर मिले तो बनूँगा 'अशोक' का वृक्ष।

कि एक 'अशोक' ही है, जिसे कोई शोक नहीं।

अगले जनम में बनूँगा 'अशोक' का वृक्ष अनाम!

अगले कल्प में योग बना तो कहलाऊँगा 'तमाल' वृक्ष।
किसी रक्तपर्णा 'शाल्मली' के समीप खड़ा रहूँगा छतनार,
अभिसार को फैलाये टहनियों की बाँहें।

कि मैं बनूँगा 'कल्पद्रुम' : और तुहिनमाला का कण्ठहार पहनूँगा!

या बनूँगा ब्रज का 'कदम्ब', कविवर बाण ने जिसके नाम पर
पुकारा था अपनी नायिका को 'कादम्बरी!'

या पर्वतों के कन्धे पर चढ़कर 'पर्जन्य' को पुकारूँगा :
कभी चीड़, कभी देवदार, कभी शालवृक्ष का वेश धरकर!

बुद्ध ने 'जातक' उपदेशों में स्वयं को कहा है 'वृक्षदेवता'।
जैसे 'भगवद्गीता' में श्रीकृष्ण ने अर्जुन से कहा था : 'अश्वत्थः सर्ववृक्षाणाम्।'

मैं कृष्ण का 'अश्वत्थ' बनूँगा।
बुद्ध का 'न्यग्रोध'।

बरगद और गूलर की भाँति 'गुह्यपुष्पक'।

पितरों का 'पीपल', जिसे सिन्धु सभ्यता के अज्ञातकुलशील भी
वैसे ही पूजते थे, जैसे गंगातट के आर्य वंशज।

मैं बनूँगा 'मौलश्री', मैं बनूँगा 'कोविदार'।
'कंटद्रुम' ही सही, आषाढ़ की वर्षा में करूँगा
भोर का नहान!

पतझड़ में जैसे पर्ण का परित्याग करते हैं 'सागौन',
मैं त्याग दूँगा अपना यह नाम।

कि इस 'नामसंज्ञा' पर इतने सम्बोधनों के सूत्र हैं,
जितने कभी हो नहीं सकते किसी पीपल पर धागे!

मैं साँची का 'शिरीष' वृक्ष बनूँगा,
जिसके भीतर विराजे हैं बोधिसत्व क्रकुच्छन्द।

या बनूँगा 'अरिष्ट' का वह वृक्ष,
'महाभारत' के आख्यान ने जिसे अभिहित तो किया,
किन्तु कोई जानता नहीं कौन पेड़ था वह।

‘सप्तपर्ण’ का पेड़ बनूँगा छितवन,
किसी पथिक को दूँगा छाँह,
उसकी निष्कलुष निद्रा को निहारूँगा।

मैं बनूँगा ‘मलयगिरी’ का प्रेत!
मैं बनूँगा ‘नीलगिरी’ का वनदेवता।
मैं बनूँगा कृष्ण का ‘वंशीवन।’
बुद्ध का ‘वेणुवन।’

सारनाथ का ‘मृगदाव’, जहाँ पर्णपात का शब्द ही
हरिण का पाश!

और ‘जेतवन’ के दावानल में समिधा की तरह
देखूँगा अपना दाह!

‘बाँस’ के पत्तों सा बनूँगा विनयी।
‘पलाश’ के फूल सा उदग्र।
‘मलयज’ सा विकल।
‘पारिजात’ सा स्नेही।
‘बिल्व’ सा विगलित!

मुर्शिदाबाद की मुखर्जीबाड़ी में बनूँगा
‘कटहल’ का रूख
या गांगुलीबाड़ी के आम्रकुंज में
मालदह का गाछ!

कि अब यह वेश नहीं धारूँगा।
कि यह नाम नहीं उचारूँगा!

कितना तो क्लान्त करता है यों मनुज होकर जीना!

मैं शमी का वृक्ष बनूँगा या शीशम।
बरगद या अमलतास।
किन्तु मनुज ना बनूँगा!

चलता रहा हूँ अब रुकूँगा।
थकता गया हूँ अब थमूँगा।

तीन दोष, छह राग, बारह बखेड़े :
मनुज होकर यही तो साधा!

मरणपर्यन्त धरूँगा मौन।
पाखियों का बनूँगा साखी!
वानस्पतिक समर्पणता का
कहलाऊँगा 'वृक्ष-विग्रह'।

नगर के सीमान्त पर बन जाऊँगा
नीम का एक पेड़, जो प्रलय से पहले
और एक जीवन पाया!

कृष्णवट

'गीता' में श्रीकृष्ण ने स्वयं को
'अश्वत्थ वृक्ष' कहा है :
"समस्त वृक्षों में मैं 'अश्वत्थ' हूँ।"

किन्तु श्रीकृष्ण केवल अश्वत्थ ही नहीं हैं,
वे स्वयं में एक 'महावन' हैं!

ब्रज में एक नहीं दो नहीं सोलह वन हैं!
और वनखण्डियाँ तो अगणित!

मैं उसी ब्रज की भूमि में 'वंशीवट' की तरह
स्वयं को रोप देना चाहता हूँ!

इन सोलह वनों में सबसे कृष्णमय है 'वृन्दावन'।
'वृन्दा' यानी तुलसी। 'वृन्दावन' यानी तुलसी का वन।

यह वही तुलसी हैं, जो 'शालिग्राम' से ब्याही हैं।
'कौस्तुभ' मणि के मुकुट वाले शालिग्राम।

'राधारानी' के सोलह नामों में से एक 'वृन्दा' भी है।
उसी 'वृन्दा' का वह वन है, ब्रज का 'आनन्दघन'!

‘वृन्दावनधाम’ के ‘रमणरेती’ में जो
‘बाँकेबिहारी’ का विग्रह है,
उसकी ‘त्रिभंग’ छवि को मैं
नतशिर होकर निहारना चाहता हूँ!

ब्रज में ही ‘मधुवन’ है, जहाँ श्रीकृष्ण
‘राधिके! ललिते! विशाखे!’ की टेर लगाते थे।
उनकी वह टेर ‘भाँडीरवन’ तक गूँजती थी।
‘निधिवन’ में जहाँ ‘ललिता सखी’ के आराधक
हरिदासजी की पर्णकुटी थी, वहाँ तक भी।

सुखमा, कामा, कुमुदा, प्रमदा गोपियाँ जहाँ
श्रीकृष्ण निकुंज लीलाओं की साक्षी थीं,
उस ‘महावन’ तक भी।

‘भद्रवन’ से ‘तालवन’ तक वृक्षों की पंक्तियाँ
श्रीकृष्ण की उस डाक में डूबी रहतीं!
“राधिके! ललिते! विशाखे!”

ब्रज में सोलह वन और तीन वट हैं :
‘कृष्णवट’, ‘वंशीवट’, ‘श्रीदामवट’।

‘श्रीहितहरिवंश’ के चौरासी पदों में
जिन ‘त्रिवटों’ का वर्णन है,
मैं प्रलय तक उन्हीं ‘न्यग्रोधवृक्ष’ का
करना चाहता हूँ अनुगायन!

और ब्रज में ‘कदम्ब’ है।

श्रीकृष्णरूप से उज्ज्वल सभी वृक्ष एक तरफ़
और 'कदम्ब' का पेड़ दूसरी तरफ़।

श्रीरूपगोस्वामी के 'विदग्धमाधव' का
यदुनन्दन दास ठाकुर ने पद्यानुवाद किया
तो उसका शीर्षक रखा :
'राधाकृष्णलीलारसकदम्ब'!

यूँ ही कदम्ब को 'सुरद्रुम' नहीं कहा है।
'सुरद्रुम' यानी 'देवतरु'।
देवताओं का वृक्ष!

ब्रज में ही 'कुमुदवन' भी है,
जिसमें कदम्बों के पूरे के पूरे कुंज :
'कदम्बखण्डियाँ।'

मुझे ऐसी ही किसी 'कदम्बखण्डी' में
चैत्र का समीरण बनकर तैरना है!

'कदम्ब' भी तीन होते हैं :
'राजकदम्ब', 'धूलिकदम्ब' और 'कदम्बिका'।

यह वृक्ष श्रीकृष्णलीलास्वरूप का प्रतीक बन गया है।
यहाँ तक कि 'महानिर्वाणतन्त्र' में भी ललिता सखी को
'कदम्बवनसंचारा' और 'कदम्बवनवासिनी' कहकर
इंगित किया गया है।

'भागवत' और 'पद्मपुराण' ने कदम्ब को

श्रीकृष्णलीला का अविच्छेद्य रूप माना है।
और कौन जाने, महाकवि बाणभट्ट ने
अपनी नायिका को जब 'कदम्ब' के नाम पर
'कादम्बरी' कहकर पुकारा था तो
उनके मन में कौन-सी लीला रही होगी!

श्रीकृष्ण भले ही स्वयं को 'अश्वत्थ' वृक्ष कहें,
मथुराजी के जनवृन्द भले ही बरगदों को
'कृष्णवट' की संज्ञा से अभिहित करें,
मैं तो श्रीकृष्ण को 'कदम्ब' का पेड़
कहकर ही पुकारूँगा।

श्रीटीकारीरानी की 'ठाकुरबाड़ी' का नतग्रीव कदम्ब!

मैं उसी कदम्ब का उपासक बनना चाहता हूँ,
'शतभिषा' नक्षत्र का जातक जो ठहरा!

'जौ खग हौं तौ बसेरो करौं मिलि कालिन्दी-कूल कदम्ब की डारनद्य'
—इस देवतरु की संज्ञा में ही वह भाव है, जो मुझे बना देता है रसखान!

'महाभारत' में अनेक वृक्षों का वर्णन है,
जिनकी पहचान अब खो रही।
जैसे 'अरिष्ट', 'मेषशृंग', 'प्लक्ष' वृक्ष और 'श्लेषमातकी'।
केवल गूलर, कुटज, बिल्व, करील को पहचान पाता हूँ।
और पहचानता हूँ वृन्दा को, कदम्ब को, मलयज को।

मैं 'श्रीकृष्णविग्रह' के ललाट पर लिपा
'गोपी-चन्दन' का वृत्त बनना चाहता हूँ,

ब्रज के मलयजवन का गन्धवाह चन्दन!

एक ऐसा भी वृक्ष है, जिसे स्वयं एक 'वन' कहकर पुकारा गया है।
वह है 'छितवन'।
'सप्तपर्ण' वृक्ष।

सागौन नहीं, शीशम नहीं,
मैं 'छितवन' की छाँह में देखना चाहता हूँ स्वप्न
यदि श्रीकृष्ण स्वयं को कहकर पुकारें 'सप्तपर्ण'।
मैं उस सप्तपर्ण की छाल बनना चाहता हूँ!

वृक्षों की वन्दना देवताओं की तरह बहुत कर ली
अब मैं देवताओं की उपासना वृक्षों की भाँति
करना चाहता हूँ!

मैं 'श्रीकृष्णस्वरूप' को 'व्यक्ति' नहीं, 'विग्रह' नहीं,
एक 'वृक्ष' की तरह देखना चाहता हूँ।

कल्पद्रुम-सा 'कृष्णवट'!

जहाँ-जहाँ मोरपंखों के बिम्ब हैं

होलकर रावों का अन्नक्षेत्र अहर्निश चलता था जहाँ!

अहिल्याबाई नियमित शिव वन्दना करने आती थीं और ग्रीवा व कटि पर त्रिभंग श्रीबाँकेबिहारीजी की बंकिम प्रतिमा आज भी जहाँ शोभायमान।

इन्दौर में राजबाड़े की दाहिनी भुजा के समक्ष उसी गोपाल मन्दिर पर देखी मैंने वह छवि अभिराम।

मोरपंखों के हथपंखे लिये खड़े थे नाथद्वारा से आये छोटी जात के युवकवृन्द!

बटोहियों को बुला रहे थे, कि आइए, पन्द्रह का एक, पच्चीस के दो, मोरपंखिया पवन में कीजिए दोपहर का शीतल शयन।

वहीं रुक गया!

मुझे याद हो आये डोम जाति के नाभादास, जिन्होंने मोरपंख की नोक से लिख डाला था तीन सौ सोलह छप्पयों का सम्पूर्ण 'भक्तमाल'!

बाद में श्रीरामकृपालदास चित्रकूटी ने प्रकाशित की थीं 'भक्तमाल' की प्रतियाँ। उनका पारायण करते थक जाते तो पुस्तक में ही मोरपंख दबाकर, रखकर सिरहाने सो जाते थे नाभा।

मुझे याद आये तिरुवोत्तियुर मन्दिर के स्कन्द कार्तिकेय, जो मोर पर सवार

होने के कारण कहलाये 'मुरुगन'।
मोरगाँव के 'मोरेश्वर' गणेश, अष्टविनायकों में जिनका स्थान विशिष्ट!

और मुझे याद आया अच्छन महाराज का अनुपम मयूर नाच।

मुझे याद आये अष्टछाप के कवियों में सबसे ज्येष्ठ श्री कुम्भनदास, जो गोवर्धन की गलियों में जब फुटकर पदावलियों से करते श्रीकृष्णलीलास्वरूप का अनुगायन तो बाँध लेते थे सिरोपे सा मोरपंख।

मुझे याद आया मोरपंखों से सजा तीजनबाई का तम्बूरा।

और सबसे अन्त में मुझे याद आये स्वयं वृष्णिवंश के मोरमुकुटधारी : कृष्णमुरारी!

अवढ़रदानी हैं शिव सो ग्रीवा में धारण किया महाविषधर!

लीलाधर हैं श्रीकृष्ण तो सिर पर सजाया मयूरपिच्छ का मौर!

सकल सृष्टि में वैसी शोभा कोई और नहीं, जैसे श्रीकृष्ण के शीश पर सजता है ठण्डी बैंजनी लपटों वाला मोर का पंख।

कितना तो माधुर्य होगा भागवतकार के मन में, जो रच दिया श्रीकृष्णछवि का वैसा व्यास विधान!

इन्दौर में राजबाड़े से चला जा रहा था सराफ़ा बाज़ार, जहाँ पंक्तिबद्ध हैं घृतवन्त मालपुओं की दुकानें। राजबाड़े की दाहिनी भुजा के समक्ष गोपाल मन्दिर पर देखी वह छवि तो ठिठककर रुक गया।

नाथद्वारा से आये थे छोटी जात के युवकवृन्द, और बेच रहे थे मोरपंखों के हथपंखे, पन्द्रह का एक, पच्चीस के दो।

अष्टधातु की ही क्यों ना हो प्रतिमा, जिसमें कौस्तुभमणि का मुकुट, वह दृश्य देख कौतूहल से और बंकिम ना हो गये होंगे मन्दिर में विराजे बाँकेबिहारी महाराज?
मैं देख रहा था बाहर से, श्रीबाँकेबिहारी प्रकोष्ठ के भीतर से, श्रीनाथजी के नगर से आये मोरपंखों का वह लीलारूप अभिराम!

जहाँ-जहाँ मोरपंखों के बिम्ब हैं—पवन में, जल में, दूर्वा पर, द्रुम में—वहाँ-वहाँ हैं श्रीकृष्ण के हस्ताक्षर!

जहाँ-जहाँ देखता हूँ मयूरपिच्छ का निमग्न नील, वहीं-वहीं मैं बन जाता हूँ कुमुदवन का कदम्ब!

अमरकोश

गत रात्रि मेघतिमिर में
मेघों के पन्द्रह पर्याय खोज रहा था
'अमरकोश' के भीतर
मिल गयीं जल की
सत्ताईस संज्ञाएँ!

दोष मेरा नहीं था!

'प्रथम काण्ड' के दशम् वर्ग
'वारिवर्ग' में मेघमालाएँ खोजने बैठा था
'अमरकोशकार' ने उन्हें उल्लेखित किया है
इसी काण्ड के तृतीय वर्ग 'दिग्वर्ग' में
यह मेरा कैसे दोष!

मैं तो मान बैठा था कि
'वारिवर्ग' में ही मिलेंगे
वायुवेग वाले 'वारिद'!

'अमरकोश' को बाँचने की उपायकुशलता
अगर नहीं हो बन्धुवर तो उसमें
अभीष्ट नामसंज्ञाएँ
उतनी ही दुष्प्राप्य हैं

जैसे शालवन में शलाका!
मेघों के पन्द्रह पर्याय खोज रहा था
और जल की सत्ताईस संज्ञाओं में
मिली एक संज्ञा : 'मेघपुष्प!'

'मेघमोती' सुना था
किन्तु 'मेघपुष्प' की कल्पना नहीं की थी।
हठात्, 'आकाश कुसुम' की स्मृति हो आयी!

जल में जलज होता है
किन्तु जल स्वयं मेघमालाओं का पद्म पुष्प है
नील उत्पल है
यह नहीं सोचा था!

मेघमाला में होने वाले गर्जन को, जयघोष को,
'देव-दुन्दुभि' की संज्ञा देने वाले जयशंकर प्रसाद
को मन ही मन प्रणाम किया था
अब मन करता है जल को 'मेघपुष्प' बतलाने वाले
अमरकोशकार को नमन करूँ!

मेघ दिग्विजयी हैं,
यह तो जानता था,
किन्तु वे दिशाओं की सन्तति भी हैं,
यह कल्पना नहीं थी।

जल की सत्ताईस संज्ञाएँ मिलीं तो
मेघों के पन्द्रह पर्याय भला
कब तक छिपे रहते।

तड़ित्वान, धूमयोनि, अभ्रम्, स्तनयित्नु :
ये मेघों के नाना नामरूप हैं।

मेघमाला कहलाती है कादम्बिनी।
शम्पा और शतह्रदा कहलाई है विद्युल्लता!
धारासम्पात् कहा है धारासार वर्षा को।

शंख, कलश, उर्मि, वीचि
प्राची, प्रतीची, धान, मत्स्य
सभी के इतने पर्याय!

दुखने लगेंगे कन्धे!
झोले में कौन लेकर घूमे
सात खण्डों का 'शब्दकल्पद्रुम'?

कहाँ सँभालें तर्कवाचस्पति तारानाथ भट्टाचार्य का
महाशब्दकोश 'वाचस्पत्यम्'?

'अमरकोशकार' से ही तो प्रेरित है
भट्ट हलायुध की 'अभिधानरत्नमाला'
उसकी किसे आवश्यकता?

धनंजय ने कवियों के लिए रचा था कोश
और हलायुध ने भी अपने 'अभिधान' को
'कविकण्ठविभूषणार्थम्' के प्रयोजन की परिधि में बाँधा
किन्तु भन्ते, मैं तो कवि नहीं!

उज्जयिनी नगरी के नरेश श्रीविक्रमादित्य

के नवरत्नों में से एक श्री अमर सिंह ने
स्वयं जिसे 'नामलिंगानुशासन्' की संज्ञा से
अलंकृत किया एक वह 'अमरकोश' ही
मेरी आयु के समस्त पर्जन्यों
के लिए पर्याप्त है!

ईश्वर को रचकर मनुष्य ने किया अट्टहास

देखना सुख है।
क्लेश भी।

भाषा के भीतर उस देखे को देखना
उस सुख और क्लेश पर एक बढ़त।

यह जानते हुए कि भाषा का संसार एक प्रतिसंसार है।

भाषा में दुनिया टूटती है नदी की धारा की तरह
जुड़ती नहीं क्षितिज पर रेल की पटरियों के
मिलने के विभ्रम सी।

हर बढ़त एक आरम्भ है हर आरम्भ एक टूट।

जहाँ जहाँ टूट है वहाँ वहाँ है भाषा
ईश्वर की सृष्टि का प्रतिकार
मनुष्यता की आकांक्षा का ईश्वरत्व।

ईश्वर ने सृष्टि रची मनुष्य ने भाषा।
ईश्वर ने सत्य रचा मनुष्य ने गल्प।

ईश्वर अशेष था मनुष्य ने बनाया उसे पार्थिव
निष्कवच मरणधर्मा अनेकवर्णा।

मनुष्य को रचकर ईश्वर रोया था
ईश्वर को रचकर मनुष्य ने किया अट्टहास।

और वही थी उसकी भाषा!

दिनमान का द्वारपाल

(साँची, 19 अक्तूबर, 2010)

समय का लम्बा ठिठका हुआ ठहराव
बहुत कुछ बदल देता है।

भग्नलोक दिपदिपाता है!
विराग फिर बन जाता है राग
कथाएँ बन जाती हैं किंवदन्तियाँ
व्यक्ति बन जाते हैं चरित्र
टूटे स्तम्भों के वैभव में
समय का इन्द्रजाल है यह!

साँची के इस दिनमान में

सन्ध्या का अवास्तविक आलोक!
दिशाओं के समवेत में
गति का ठहराव।

स्मृति की भीत पर
अतीत की अनुगूँजें।
मठों-स्तूपों-अध्ययनशालाओं का
दीर्घ-प्रलम्बित कार्य-व्यवहार

जमा हुआ रक्त।
विगत का पश्चात गायन।
धूप का वसन ओढ़े
गैरिक संन्यासी
विहारों का निर्वेद।

वह सब—
जो धुँधुआती बस्तियों
बिछली सीढ़ियों
और शताब्दियों द्वारा रचे गये भ्रमों
से परे है!

सातवाहनों की सामर्थ्य से
बहुत बहुत परे।

स्वप्नभंग का स्थापत्य
वह—
दिनमान का द्वारपाल
तथागत का अस्थिकलश।

इन शिलाओं के बीच—

जो अब शिल्प हैं
पुरातत्व हैं
संघमित्रा ने जो त्यागा था

आते हैं—
चुन लेते हैं

अलबमों में सजा लेते हैं—
सैलानी।

यात्री—
अब कहाँ?

बचे रह गये हैं केवल—
समय के विदीर्ण वस्त्र
ध्यानस्थ पत्थर
और पदचिह्न!

तुम भी तो पद्म थे, सुमुख!

(अजन्ता के पद्मपाणि बुद्ध के लिए)

हर पुष्प विगलित होता है!
पतझड़ के पते पर वसन्त की पाती!

हर मणि को अनन्त काया का
शाप मिला है
किन्तु श्रेष्ठतम मणियाँ भी
अपने स्वप्न में पद्म हो जाना
चाहती हैं!

राग-रुधिर की एक पताका!

तुम भी तो पद्म थे, सुमुख!

विहँसता रूप, अपूर्व कान्ति।
(सब कुछ झरता है!)

किन्तु तुम दीप-धूम की भाँति
अपने रूप के भीतर बसे
उस निविड़ तम को
एकटक देखते रहे।

तुम्हारा यों एकटक देखना
हमारे भीतर थिर हो गया है।
तुम्हारे नेत्रों में जाने कितने
निमिषों का दाह है।

तुम हमारे वसन्तों के हृदय में
सन्ध्यावेला की भाँति ठहर गये हो,
पद्मपाणि!

रूप-बद्ध,
रूप-हत,
हम : आँखें मलते हैं!

ग्रीष्म : एक चित्रलिपि

रंगों का जल अचल।

अतल के दर्पण में
एक कौंध की परछाईं।
त्वचा की
ऋतु पर दीपती।

धूप के धागों की सीवन,
जहाँ उधड़ा था आकाश
बाँस की बर्छियों की
धार से

धूप दीठ है
दिनमान की।
देखना है उसका—
उजाला!

आग का पका फल—
दाह के आलोक में
एक झुलसा हुआ-सा
सूनापन!
कुएँ में गिरतीं पत्तियाँ साँसें--

साँसों का यह सूत।
नदी का तीसरा तट   नावें—
जहाँ रक्त में   रुकी हुईं।

साँझ के कैनवास पर
पारदर्शी पिघलापन।
एक स्वप्न   का रेखांकन।

वृक्षों का एकान्त—
पंक्तिबद्ध
अन्तराल।

जल में आकांक्षा का ज्वार—
क्लान्त   शिथिल
ताप की तृषा!

दीवार से सटा अहाता—
अनमना   उन्मन।
बरामदे में   बेंत की कुर्सियाँ।

रिक्तियों को भरता,
एक ठोस
ख़ालीपन।

ऊँघता
निदाघ!

घड़ीचोर

मँझोला क़द मुँहासों भरा चेहरा दाँत में तमाखू का दाग़
चौबेजी के बाड़े में एक मोरी वाला कमरा लेकर रहता था
गाँव 'छोटी खरसोद' तहसील बड़नगर का सन्तोष सिंह डाबी।

पटवारी की परीक्षा की तैयारी कर रहा था
दिनभर काग़ज़ पर खींचता नक़्शे
सबसे मुस्कराकर मिलता स्त्रियों से तनिक झेंपकर
कुलजमा तेईस साल का जवान।

हम बालकवृन्द को नक़्शासाज़ी के मोटे सफ़ेद काग़ज़ पर
स्केल, प्रकार, त्रिभुज से नानारूप आकृतियाँ बनाकर दिखलाता
फिर उठता और मिट्टी के तेल के स्टोव से कुश्ती लड़कर उसमें भरता हवा।
अग्नि का नीलपुष्प खिलने पर चाय चढ़ाता
फिर छौंकता आलू की तरकारी।

अदहन में पकाता भाप भरा भात
जिसे लाता था उचित मूल्य वाली राशन की दुकान से
कूपन दिखाकर पन्द्रह का पाँच किलो
न्योते का नहीं निर्धनता का पीला चावल!

स्टोव की लौ छिन्न होती तो कालिमा से भरी काड़ी से साफ़ करता वॉल्व
बण्डी पहने तौलिया लपेटे गूँधता आटा रोटियाँ सेंकता

सबसे अन्त में स्टोव की चाबी घुमाकर निःसृत कर देता वायु का दबाव
बुझ जाती लौ मूक हो जाता लपट का हहराता हुआ शब्द।
सन् बानवे के उस दूरस्थ साल जब क्षिप्रातीरे लगा था 'सिंगत' का मेला
और 'कार्तिक चौक' उज्जैन के 'हाथीवाले पण्डे के बाड़े' में रहते थे
हम पाँच घरों के कुल सत्ताईस जन जैसे कोटर में कबूतर।

फिर ऐसा हुआ कि अचानक दिखाई देना बन्द हो गया सन्तोष
कमरे पर लगी रहती साँकल दरवाज़े पर जमा रहता करकट
किन्तु कई दिनों तक कोई दर्शन-समाचार नहीं
किसी ने सूचना दी कि पीलिया में गल रहा है
और देह में इतना बल भी नहीं कि चिट्ठी लिखकर
किसी को लिवाने बुला ले छोटी खरसोद गाँव से।

पंचांग पर पखवाड़ा बीता तब एक दिन दिखा वह
दुर्बल जैसे अस्थियों का पिंजर!

तोलाराम जी की पतोहू से जाकर बोला,
दीदी अचार तो है मेरे पास
क्या दो रोटियाँ मिलेंगी
तराना वाले दीक्षित जी से जाकर बोला,
काका साबुन की बट्टी चाहिए पखवाड़े से नहाया नहीं
हम बालकों ने मुँह बनाया मन ही मन कहा उसे 'मँगता'
देखते रहे दूर से उसे उपेक्षा से जैसे कोई प्रेत!

एक शाम हरिफाटक वाली प्रेस से लौटे
साप्ताहिक 'शीला समाचार' छापने वाले लालमोहर शास्त्री जी
बाड़े वाली बड़ी हौद की पाल पर घड़ी उतारकर पाखाना गये
लौटकर देखा तो नदारद!

सबने मुँह ही मुँह कहा 'मँगते' ने ही चुराई होगी
पीतल के डायल वाली 'पापाजी' की
क़ीमती कलाईपट्टा घड़ी!

कि उन्हेल जाकर बेच भी आयेगा तो पचास रुपये से कम क्या मिलेंगे
हाय कि ऐसे चोट्टे के यहाँ खेलते रहे थे हमारे बच्चे इतने इतने दिन!
अबकी चौबेजी से कहेंगे कि किसी को कमरा देने से पहले करवा लेवें
क़ानूनी जाँच-तफ़्तीश कि कहीं कोई चोरी में
सज़ायाफ़्ता तो नहीं रह चुका।

सिर नवाकर चुपचाप सुनता रहा सन्तोष
महीना पखवाड़े में हो गया चंगा सिंगत बाद लौट गया गाँव
कौन जाने फिर पटवारी बना या परचूनिया
या बन गया प्राइमरी स्कूल का अध्यापक।

किन्तु इतना अवश्य हुआ कि उस साल पानी कम पड़ा।

गोड़ डूबें इतना भर जल रह गया क्षिप्राजी में
सरकारी नलों पर लम्बी हो गयीं क्लान्त जनवृन्द की पंक्तियाँ
और दस साल में पहली बार दिखाई दी
बाड़े वाली बड़ी हौद की तलहटी।

और तब तलहटी में दिखाई दी पापाजी की पीतल के डायल वाली घड़ी
कातिक पूनम के पीले चन्द्रमा की भाँति दमकती।

हौद में गिर रही होगी गिलहरियों की ऊधम से
जहाँ अक्सर गिर जाया करते थे
सिक्के, कीलें और सुइयाँ।

काई, रेत और सेवार में धँसी थी
सुनहरे डायल वाली वह 'समय-जन्त्रिका'!

कितने साल बीत रहे पूरे पच्चीस ना!

म्लान होकर कबकी गल चुकी होगी
बाड़े के पाँच घरों के सत्ताईस जन की अपराध चेतना
जैसे जल में गल जाती है हल्दी की गाँठ।
स्मरण भी ना होगा अब तो किसी को।

फिर मेरे ही मन में क्यूँ आज उस घड़ी के
क्षण-चपल शब्द का मौन हाहाकार!

जितना जैसा जो जिया उसका जमाजोड़!

बड़े तेलीवाड़े से उठी अर्थी चली बड़े पुल की ओर
शिप्रा नदी से पहले ही पड़ता था मसान।

तिरानवे साल की जीर्ण-जरा देह में भला कितना भार
तब भी टूटकर झर सकती थीं भुजाएँ कन्धा देने वालों की
अगर लदी होती अर्थी पर आपबीतियों की गठरियाँ स्मृतियों की मंजूषाएँ
खटरागों की पोटली मनोरथ की पीतल पेटिकाएँ हँडिया में राग द्वेष
जितना जैसा जो जिया काँसे के लोटे में उसका जमाजोड़!

किन्तु स्मृतियों मनोरथों रागद्वेषों का भार नहीं होता कर्पूर की तरह
वाष्पित हो जाते हैं देह से प्राण के छूटते ही निर्भार।
स्मरण उसी का सन्ताप जिसके पास रह गयी है जीवन की शीतोष्ण लीला!

जैसे इतने इतने सालों का स्मरण दुर्दैव जिनका कभी गला नहीं
दुःख ही जीवन की कथा कुछ यूँ रही कि सदी में सात कम साल
जीकर जब वह मरी तो नाते-रिश्तेदारों ने कहा अब जाकर मिला सुख!

सुख नहीं था शाजापुर के क़िला रोड स्थित चौपन गज के अहाते वाले
गोबरलिपे उस घर में जो छह भाइयों एक बहन के कोलाहल से जनाकीर्ण
सुख की ही आशा रही होगी जब चौदह की वय में ब्याही उज्जैन के
पटनी बाज़ार में रतनलाल जी के सुपुत्र से जो सोने के ब्यौपारी
छत्रीचौक पर जब सफ़ेद वर्दी और टोप पहने डण्डे फटकारते फिरते थे फिरंगी

तब जहाज़ में लदकर अमरीका तक जाते थे विष्णुप्रसाद जी गुप्ता की
दोकान के कर्णफूल।
सुख की ही तो कल्पना होगी जब संवत् सैंतालीस में लाँघी थी वह देहरी।

जाने कौन-सी हवा लगी कि माथा ख़राब हुआ विष्णुप्रसाद जी का
जावरा टेकरी ले जाने से भी नहीं हुई सिद्धि अकारथ ही रह गयी
दानीगेट वाले सेंदुरी गैबी हनुमान की झाड़।
एक बेटा हुआ वृन्दावन बहुत कुशाग्र
बारह की वय में पीला ज्वर उसे निगल गया
बेटी ने एम.ए. किया और फिर जात-बाहर कर लिया
प्रेम विवाह झाबुआ के
ठाकुर कमल सिंह से जो निकले मद्य के व्यसनी उसी के फेर में
पचास की वय पूरी करके जाड़े में दाँत किटकिटाते मरे।

उन्हीं का पुत्र इस कवित्त का रचयिता जिसे उलाहना से
'निर्मोही नुगरा' कहती थी नानी
किन्तु मरने के पहले बचाकर रख गयी थी
उसके लिए चाँदी का एक सिक्का जिस पर अंकित गजलक्ष्मी।

बड़े तेलीवाड़े से उठी अर्थी और चली दानीगेट की ओर
तो कवित्तकार ने देखी काष्ठ-सी सूखी कृश काया
भाल पर चन्दन हाथ में अब भी चूड़ी कान में स्वर्णफूल
जिन्हें बाक़ायदा उतारकर सहेज लिया गया था दाह से पहले
किन्तु फेंक दी गयी थीं चूड़ियाँ जो देर तक लुढ़कती रहीं घाट पर
जैसे एक वही हों अब जीवन के वेग से व्यग्र!

शिप्रा नदी से पहले ही पड़ता था चक्रतीर्थ कुम्भनगरी का मसान
वहीं मुख में दिया गया जल ठूँसा गया पान देह पर लेपा घी

चबूतरे पर लेटाकर सौंप दिया अग्नि को पल में मिट गया रूप
प्राण अब नहीं था काया में बचा रह गया था केवल
स्मरण का सन्ताप, उदासीनता, उदासीनता की अपराध चेतना
बची केवल दौड़धूप, सेवा-टहल, स्नान-ध्यान
लोक-व्यवहार, पंचांग पर पिण्डदान की तिथि
बची केवल राख, कपाल, अस्थियों के फूल।
बची केवल लौटकर
जीवन-व्यापार में फिर लग रहने की निर्लज्जता
वो अँगुलियाँ नहीं बचीं जिन्होंने सिगड़ी में सेंककर रोटियाँ
पोसा था अब पैंतीस वर्ष का हो चुका यह शरीर
दन्तपंक्तिविहीन पोपला मुँह नहीं रहा जैसे खोखल
वो कलाइयाँ नहीं बचीं जिनसे उतारकर फेंक दी गयी थीं चूड़ियाँ
किन्तु जो फिरती रही थीं मसान घाट पर धात्विक स्वर लिए
जैसे अब एक वही जीवन के वेग से व्यग्र!

गर्भवती थी पिता की प्रेमिका

'गर्भवती' थी पिता की प्रेमिका
बस इतना भर कुशल-संवाद था
सन् अठहत्तर के उस 'अन्तर्देशीय' में।

कौन थी क्या बना उसका कौन जाने?
पिता यायावर जीव थे झाबुआ से झोरहट तक
छानते ख़ाक फाँकते धूल झोला लिए झट चल पड़ते
आलिराजपुर आज ज़िला है तब हुआ करती थी तहसील
उसमें पड़ता है 'कट्ठीवाड़ा' जिसके सेर सेर भर के रसवन्ती आम
दूर दिगन्त तक पहुँचाये जाते थे भर भर टोकनियाँ तब भी आज भी
कट्ठीवाड़े के ही 'आमखुँट' गाँव में पिता से मिली थी वह
साँवली आदिवासी लड़की गले में पहने ख्रिस्तानी सलीब
हर इतवार बकरियाँ चराकर जाती जेतपुर के गिरजे!

कौन थी क्या बना उसका कौन जाने
बस इतना समाचार कि गर्भ ठहरा था उसके!

सन् अस्सी के 'सिंगत' में उज्जैन में मिले थे मेरे माता-पिता
मेला क्षेत्र में दोनों अपनी-अपनी ड्यूटी पर मुस्तैद
ठाकुरों के लड़के बनियों की लड़की के बीच प्रणय-कलह के बाद घटा प्रेम
मेला उठा खेला टूटा लौटकर किन्तु निरन्तर आती रहीं चिट्ठियाँ

झाबुआ के गुलाबचौक और उज्जैन के खत्रीवाड़े के बीच
दौड़ते रहे डाकिये नीले अक्षरों से भरे पोस्टकार्ड लिए।
परिणति पर पहुँचा प्रणय यदि परिणय को ही मानें परिणति!
शुजालपुर में सगाई सन् इक्यासी में बहादुरगंज उज्जैन के
आर्य समाज मन्दिर में अन्तर्जातीय ब्याह।
सन् बयासी के एप्रिल में जन्मा यह सुपुत्र
नवयुगल की पहली सन्तान
किन्तु क्या पिता की भी प्रथम?

गाभिन थी पिता की वनवासी प्रेमिका किन्तु कौन जाने
वह प्रसूता बनी या गिराया गर्भ इससे भी अधिक कौतूहल यह
कि कौन आया होगा गर्भ में उसके मुझमें उसका कितना अंश!

जबकि मैं हमेशा 'बड़के' की विषाद-चेतना के साथ जिया
'जेठा-बेटा', 'दादा-भाई', 'अग्रज पुत्र', 'शोभा को बड़ो छोरो'
'बड़किया' कहती थी नानी दादी ने हमेशा पुकारा 'मोटकियो'
पिता की मृत्यु पश्चात कुल उन्नीस की वय में कहलाया
परिवार का प्रथम पुरुष!

इतनी सामर्थ्य ना थी धैर्य नहीं दुर्बल थे कन्धे मन निष्कवच
मैं हमेशा 'अन्तिम' होना चाहता था सम्भव हो तो अदृश्य अलक्षित
कक्षा में सबसे पीछे बैठने वाला अन्तिम पंक्ति में 'अगण्य'
मैं कभी नहीं होना चाहता था 'बड़ा', 'प्रथम', 'अग्रज'
कक्ष में प्रवेश करते ही जिस पर सबसे पहले टिके आँख!

'गर्भवती' तो थी पिता की प्रेमिका क्या 'प्रसूता' भी थी?
जन्मा होगा तो किसे गर्भ में होगा तो कौन पुत्र या पुत्री?

रोमांच से भरती है यह प्रतीति कि उसे 'दादा' या 'जीजी' कहकर डाकता
'अग्रज' होने के अभिशाप से मुक्त करती
भरती है 'अदृश्य' के सन्तोष से मुझको
पिता की प्रेयसी की यह आसन्नप्रसवा कल्पना!

‘कण्ट्रोल’ की दुकान से ‘मिट्टी के तेल’ की ख़रीद

चाहना जैसी चित्ताकर्षक और उत्तेजक गन्ध थी
‘मिट्टी के तेल’ की दीगर वजहों के अलावा इसलिए भी कि
पन्द्रह रुपये का पाँच लीटर ही मिलता था महीने में दो बार!

‘कण्ट्रोल’ की उचित मूल्य वाली दुकान से ‘मिट्टी का तेल’ लेने की
तारीख़ें तय होतीं जैसे ही पंचांग पर दीपता नियत दिवस
अपने-अपने पीपे उठाये हम चल पड़ते कभी ‘गुदरी’ कभी ‘पानदरीबे’
कभी ‘कार्तिकचौक’ वाली राशन की दुकानों पर।

जगतनारायण जोशी के बालों और बरौनियों पर
जम जाता था भूसा बड़े से तराजू पर कभी पाँच कभी दस किलो का
बाट रखकर वह तौलता तिलचट्टों की रोएँदार टाँगों से भरी शकर
कंकर भरे देशी गेहूँ तो कभी पीले चावल ‘न्योते’ वाले नहीं
बल्कि क्षुधा की तुष्टि का वह धान जिसे भाप में सींझाकर
खिचड़ियाँ पकाई जातीं बहुधा हमारी शामों की इकलौती रसद!

तीन रुपये लीटर होने के बावजूद बेमोल था ‘मिट्टी का तेल’
क्योंकि बहुत धैर्य, श्रम और उपाय-कुशल युक्ति की आवश्यकता थी
कोयले की सिगड़ी जलाने के लिए अँगीठी जलती तो आँखों में
भर जाता कड़वा धुआँ कण्ठ में अनुभव होती कालिमा
एक बार चूल्हा जलने पर उसी पर बनती चाय उसी पर रोटियाँ सिंकती
उसी पर गर्म होता नहान का पानी लोटे से पानी झोंक देने के पहले

उसी में देर तक सींझते रहते दाल दलिया भुर्ते के लिए भटे
एक बार की आँच से तीन बेर का खाना पका लिया करती थी
मेरी नानी जो चल बसी अभी पिछले ही हफ़्ते!

जिनकी गाँठ में दमड़ी होती जैसे कि हमारे बाड़े के तोलाराम जी
वे कालाबाज़ार से लीटर के छह रुपये देकर
ले आते नीले रंग का 'घासलेट'
लेकिन हमारे 'चार बत्ती' और 'पम्प' वाले स्टोव सुलग नहीं सकते थे
'कण्ट्रोल' के सस्ते घासलेट के बिना अभावों के वे दिन थे!

महीने के दूसरे मंगल या तीसरे बुध को 'कण्ट्रोल' पर मिलता था घासलेट
चींटियों की तरह क़तार लगाकर खड़े हो जाते हम मोहल्ले के छोकरे
एक हाथ में पीपा दूसरे में 'कूपन' जिस पर दर्ज होते कुनबे के ब्योरे उम्रवार
गीता बाई, कमल सिंह, शोभा देवी, सुशोभित सिंह और नवोदित सिंह।

पूर्वाह्न की मध्याह्न मध्याह्न की अपराह्न हो जाती इतनी खिंच जाती प्रतीक्षा
कि स्कूल से छुट्टी लेने का सुख भी जाता रहता और दिन ढलने पर
अपने-अपने पीपों में मिट्टी का तेल लिए हम लौट आते घर पहने निकर
जाँघों पर जहाँ-जहाँ छलकता 'घासलेट' वहाँ-वहाँ लाल पड़ जाती त्वचा!

'चौबे जी के बाड़े' की हौद में जब घुल जाती रात की नील
और माष दाल की खिचड़ी खाकर ऊँघ रहे होते सभी जन
तब उठता मैं बनियान पर पहनता कमीज़ चप्पलें खड़खड़ाता
चल पड़ता 'गुदरी' की उसी गली जहाँ दिनभर कुप्पियों से
यूँ बँटा था मिट्टी का तेल जैसे द्वारकाधीश का 'खीर प्रसाद'!

जबकि अभी वहाँ पसरा होता साँय साँय करता सन्नाटा
ऐन वहीं जाकर खड़ा होता जहाँ से मध्याह्न को लगा था क़तार में

एक-एक क़दम चलकर जाता दुकान तक जहाँ अब भी हवा में टँगी होती
गाढ़ी स्याही की बैंजनी गन्ध जिससे 'कूपन' पर लगाये गये थे ठप्पे!

उसी लीक पर लौटता और चलता फिर चलता और लौटता
कुल सवा मिनट में तय करता वह दूरी जिसे लाँघने में गल गया था दिन
उस निविड़ एकान्त में तब मुँह ही मुँह मुस्काता कभी हँस पड़ता ठठाकर
मन में सन्तोष की कनी लिए मुदित होकर लौटता था
10, कार्तिक चौक, उज्जैन स्थित 'हाथी वाले पण्डे की गली'!

पहली बार 'शीतलपेय' पीने की स्मृति

जिह्वा पर 'शीतलपेय' के तीक्ष्ण-तिक्त अम्ल की
प्रथम अनुभूति का विषाद मन में आज भी उतना ही सजीव
और सम्मुख जैसे मई की यह म्लानमुख मध्याह्न!

दस वर्ष की वय में पहली बार चखा था 'कॉर्बोनेटेड' जल
सन् बानवे के साल जब अवन्तिकापुरी में भरा था 'सिंगत' का मेला
और अंकपात क्षेत्र में विराजे थे तान्त्रिक चन्द्रास्वामी बड़ी धाक थी
बड़ा कौतूहल परिवार के हम चार जन पिता माता दो पुत्र
सन्ध्या को भोजन उपरान्त निकले मेला देखने कालभैरव के आगे
शीतल पेय की थड़ी दिखी तो ललक से जुड़ा गया मन।

बीती सदी की आख़िरी दहाई का आरम्भ ही था
धीरे-धीरे खंख हो रही थी पुरानी दुनिया और पहर-दर-पहर
फैल रहा था नयी दुनिया का पसारा जिसमें सैटेलाइट की
छतरियाँ, पेशेवर कुश्तियाँ, मोहन कपूर की 'साँप सीढ़ी'
और क्रिकेट मैचों के दौरान शीतल पेय के विज्ञापन।

घुँघरू पहने आती मोहक नृत्यांगना रुनझुन करती
शीतल पेय का घूँट पीकर भरती ठण्डी आह तो चमत्कृत
हो जाते हम वैसा दृश्य तो पहले कभी देखा ना था!
क्या भरा होगा उन हरी बोतलों के भीतर भला कौन सा 'रामरस'
कौतूहल से सोचते रहते प्रिय धारावाहिक समाप्त होने के बाद भी!

'कालभैरव' के आगे दिखी वह थड़ी तो जगी ललक
ठान लिया हठ कि आज तो करेंगे यही 'रसपान'
मन मारकर पिता ने दी सहमति पन्द्रह रुपये की
तीन बोतलें आयीं तो धक्क से रह गया दिल!

कुबेर के कोषागार से कम ना थे पन्द्रह रुपये
उन दूरस्थ दिनों में जब कोठी पर पान-तमाखू की
गुमटी लगाते थे पिता दिन में कमाते थे कुल रुपये तीस!

टीटू की दुकान पर आठ आने की मिलती थी पोहे की पुड़िया
चार आने का आता था 'झम्मक लड्डू' बीस नये पैसे की
'बम्बई की मिठाई' दस पैसे के 'गुड़िया के बाल'
और जैसे बेभाव ही थे जामुन-करौंदे के दोने।
एक रुपये में सन्तरे की बीस गोलियाँ आती थीं जेबों में
कंचों की तरह भरकर पूरी सन्ध्या हम उत्फुल्ल रहते।

अपराध-बोध से भर गया मन जब पेश की गयीं हमें
'शीतल पेय' की बोतलें पाँच रुपये की एक!
खट्ट से खोलीं बोतलें उमच आया झाग
सशंक हो उठा मन पहला घूँट पीते ही जैसे जल गयी जिह्वा
कण्ठ में उग आये काँटे कहीं यकृत को तो ना गला देगा
यह तीक्ष्ण कड़वा अम्ल कल्पना तो यह थी कि खस के शरबत
ईख के रस या कच्चे आम के पने जैसा मज़ेदार होगा
इन हरी लुभावनी बोतलों का 'शीतल पेय'।

तीन घूँट पीकर छोड़ दिया पिता ने पिया
मेरे हिस्से का शीतल पेय खिन्न हो गया मन

फिर नहीं खाया 'रामफल' गढ़कालिका पर दिखे 'सिंघाड़े'
तो फेर लिया मुँह घर लौटे सो रहे स्वप्न में
भोर तक फिर उफनता रहा शीतल पेय का फेन
जिह्वा पर बनी रही अम्ल की तिक्त अनुभूति!

नृपेन था वह सितार मुकुट था उसका

गुड़ तक नहीं खिलाता
खूँटे से उतारकर 'छागल' नहीं पिलाता शीतल जल
जब जब मैं जाता मिलने उससे उज्जैन की 'पानदरीबे' वाली गली में
सबसे पहले सितार पर सुनाता राग 'अहीर भैरव' का 'झाला'।

सितारिया था
'विलैतख़ानी' बाज बजाता
बिना 'तूम्बे' की सितार पर 'गायकी अंग'।

स्वप्न में भी अहर्निश काँपती रहती थीं उसकी अँगुलियाँ
'मींड' से 'गमक' 'आलाप' से 'जोड़' पर जाते हुए।
जब तरन्नुम में होता तो सुनाता क़िस्से–
विलम्बित में बजती है 'मसीतख़ानी' द्रुत में 'रजाख़ानी'
'मैहर' वालों को सुनना ही क्यों पर सुनना हो तो
पं. निखिल बनर्जी का 'जौनपुरी' सुनो
अली अकबर से रवि शंकर की 'लड़त' सुनो
पर भूल जाओगे सब जब सुनोगे
उस्ताद विलायत खाँ का 'शुद्ध कल्याण'।

और फिर कहता ठहाका लगाकर
मगर मत सुनना 'मारवा'
मर जाओगे!

‘कालिदास समारोह’ में ‘भरतविशाला’ मंच पर
शूद्रक के ‘मृच्छकटिकम्’ के लिए उसने बजाई थी जलतरंग
‘देवदास’ में दादा बर्मन की सितार सुनते ही कहा,
अरे यह तो ‘तिलक कामोद’
‘श्रावण महोत्सव’ में शुजात खाँ को साथ-साथ सुनने गये थे हम
‘तोड़ी’ के बाद कहा जी करता है तोड़ दूँ अपनी सितार!

दो हज़ार छह की जनवरी होगी भेंट में तिल के लड्डू लिए पहुँचा था
उसने सुनायी ‘रागेश्री’ मैंने पैर पकड़कर कह दिया उस्ताद शागिर्द बना लो
‘गण्डा’ बँधवा लूँगा पीछे-पीछे चलूँगा सितार उठाकर इतने आहिस्ते
कि ‘तरब’ के तारों को भी ना छू पायेगा पवन का मन्द्रवेग!
उसने मूँदी आँखें पकड़े कान कहा, “मरवाओगे मुझे!
देवता रूठ गये तो गल जायेगी सारी पुण्यई
अभी कुछ आता नहीं चार चीज़ें सीख लेने दो बड़े भाई!”

फिर कहा—
बादशाह के लिए ‘दरबारी कान्हड़ा’ गाते थे मियाँ तानसेन
हरि के लिए ‘भैरवी’ गाते थे गुरु हरिदास
और घुटनों के बल झुककर लुके-छिपे उन्हें सुनते थे
कुटिया से बाहर खड़े ‘बादशाह’ और ‘मियाँ’ दोनों
तो बोलो, कौन हुआ बड़ा?

दो हज़ार आठ में चला आया था इन्दौर फिर मिलना ना हुआ
मन के भीतर सितार का एक डौल था
कम्पनों, अनुगूँजों और झंकृतियों से भरा
वो रेलगाड़ियों की रेलमपेल में टूट रहा
‘सेहतार’ के जोड़ तमाम उलझ रहे फिर ना सुलझे।

दो हज़ार दस में शायद एक बार फिर देखा था उसको दूर से
एक ड्रामे में बजाते सितार नौसिखुए तबलची से करते लड़त वह भी 'बेताला'
मन खट्टा हुआ सो लौट आया।

नृपेन था वह सितार मुकुट था उसका मोरपंख 'मालकौंस'
लोक के खटराग में यों देख नहीं सकता था मैं उसको
पूस के पहर सा गलते!

आसमानी सुलतानी अमीरख़ानी

(उस्ताद अमीर खाँ साहब के लिए)

बम्बई के 'भिंडी बाज़ार' में जब
अमान अली ख़ाँ साहब के घर के बाहर खड़े होकर
एड़ियों पर उचककर तुम सुनते थे गाना और
सीखते थे 'मेरुखण्ड' की विद्या
तब तुम मुझे पहाड़ जैसे लगते थे!

ताल 'झूमरा' लय 'विलम्बित' में
जब गाते थे 'राग तोड़ी' का 'छोटा ख़याल'
"काजो रे मोहम्मद शाह"
अपनी मृत्यु के परे संवत् पैंसठ की
उन दुपहरियों में घासमण्डी उज्जैन के
एक कमरे की चौहद्दी में खुलते पसरते
तब मुझे लगते थे जैसे कोई नींद।

और तब लगते थे 'ब्यौपारी'
जब उस्ताद अब्दुल क़रीम खाँ से उधार ले आते थे
'धीमी बढ़त' और 'कोमल स्वराघात' का गुण
उस्ताद रज्जब अली ख़ाँ से 'तानें'
उस्ताद वाहिद अली ख़ाँ से 'रियाज़'
और मैं सोचने लगता था
कि कैसे सीख सकूँगा तुम्हारी तरह
ऐसा लाभ का सौदा-सुलफ़ करने का शऊर!

ठुमरियाँ गाते थे लेकिन किसी को सुनाते नहीं थे
क्योंकि पटियाला वाले 'बड़े ख़ाँ साहब' से ठनी थी तुम्हारी
वे ठुमरी के 'शेखर' तुम ख़याल के 'भूपति'
इस हठ से तब अपनी 'सुमेरु' सी काया में
बच्चों की तरह भी लगते थे मुझे!

ख़ूब जानता हूँ तुम्हारी ठुमरियों के नायाब तवे
आज भी अपनी सन्दूकची में सम्हाले हुए हैं
इन्दौर के गोस्वामी गोकुलोत्सवजी महाराज
जब जब वे बाँधते हैं 'सर्वांग' गायकी की 'हवेली'
उसके जोड़ में तुम्हारे ही स्वर का डौल होता है
और तब कभी-कभी तुम मुझे लगने लगते हो
कोई शिल्पकार।

उस्ताद, सच सच बतलाना
सन् चौहत्तर की फ़रवरी में
जब कलकत्ते की सड़क पर चले जा रहे थे अपनी मोटरकार से
तब अँगुलियों पर झूमरा ताल की चौदह मात्राएँ ही गिन रहे थे ना?

धिं धा ति र कि ट धिं धिं धा गे ति र कि ट!

और वो सड़क कहीं मुड़ना नहीं थी
और वो राग कभी चुकना नहीं था
और वो सभा असमाप्त थी
जिसमें थी तुम्हारे
उस 'हंसगीत' की द्युति!

---

* अफ़ज़ाल अहमद की मशहूर नज़्म की पहली पंक्ति।

मेरे लिए ‘रागेश्री’

(किशोरी अमोणकर के लिए)

कुछ के लिए किशोरी ताई ‘भैरवी’ हैं
कुछ के लिए ‘मालकौंस’
मेरे लिए ‘रागेश्री’।

मेरे लिए किशोरी ताई उज्जैन के ‘डाबरीपीठे’ में
‘मोरसली बाड़े’ की निश्चल दोपहर हैं
जहाँ पूर्वजन्म में पण्डित ललित महन्त को
चिड़िया की आवाज़ निकालकर सुनाई थी
उस्ताद अमीर ख़ाँ साहब ने!
जहाँ बनी रही थी देवास वाले रज्जब अली ख़ाँ साहब की बैठकी।
जहाँ संवत् चौंसठ की उस दोपहर
धुले, महाराष्ट्र की उस युवा गायिका ने गाया था ताई का रागेश्री
“आली, पलक ना लागी”
जिसमें जब ‘लागी’ पर पड़ी थी ‘सम’
तब हठात बिंध गया था सत्रह साल के उस किशोर का मर्म
जिसके लिए उसके बाद किशोरी ताई का मतलब
‘हंसध्वनि’ या ‘अहीर भैरव’ नहीं
बल्कि रागेश्री ही हो जाना था।

कुन्दनलाल सहगल ने जैसी गायी थी ‘भैरवी’ वैसी फिर कौन गा सका
अल्लाह जिलाई बाई ने जैसी गायी थी बीकानेर की ‘माण्ड’

ताई भी उसे दोहरा ना पातीं
मीरा ने जो गाया उसमें राग ही कहाँ था भाव था भाव की छाँह थी
किन्तु जब जब सुनता हूँ 'रागेश्री'
मुझे दिखती है 'शुकनासिका' वाली किशोरी
मोगूबाई का पल्लू थामकर साधती 'भिन्न षड्ज'
आगरे के उस्ताद अनवर हुसैन से सीखती 'बहादुरी तोड़ी'
मुझे दिखती है 'जयपुर-अतरौली' की समूची 'जेनेसिस'
केतकर, कोर्डीकर, अंकलेकर, सडोलीकर
अल्लादिया की बेटियों का मराठी नाद उच्चार।
मुझे दिखती है 'सम' की आमद
जब निमिषभर को अपनी प्रदक्षिणा में रुक जाती है पृथिवी
और आँखें मींचे सुनती है अमोणकर का कण्ठराग।

कुछ के लिए किशोरी ताई 'भूप' है
कुछ के लिए 'पट्ट बिहाग'
मेरे लिए 'रागेश्री'।

धारासार वर्षा में 'ध्रुपद'

उत्तराषाढ़ा नक्षत्र लगा ही होगा
संवत् चौंसठ के उस श्रावण में
जब धारासार वर्षा हो रही थी
उज्जयिनी नगरी में और
पानदरीबे की नालियों की पूर से
गुदरी तक था जलप्लावन!

तब देह में ज्वर का ताप लिए
वर्षा में भीजकर सुनने पहुँचा था
उस्ताद डागर का ध्रुपद
और त्वचा के रोमकूप तक
ताप में तिप्-तिप् कर
जल रहे थे।

रुद्रसागर की जलऊर्मियों में
एक करुण क्लान्त कम्पन था
उस सन्ध्या जब दो तूम्बे वाली
रुद्रवीणा पर बीनकार ने
बजाया था ध्रुपद की
चारों बानियों में से डागरबानी
का नोम-तोम आलाप
और षड्ज का हर स्वराघात

लहर बनकर टूटता था।
पूरे अढ़ाई पहर चली थी सभा
मालकौंस से भूप भूप से भैरव
और श्रावण महोत्सव में राग मल्हार
के अनुगायन से महाकाल महाराज के
स्वराभिषेक का नियम तो अटल ही था
ध्रुपद अंग वाली वही
मियाँ की मल्हार।

जलबिन्दुओं की पंक्तियाँ तक
अटूट थीं जिस सन्ध्या
ग्वालियर का गूजरी महल
बन गया था महाकालवन
और राजा मानसिंह तोमर सा गुणी
लग रहा था हर श्रोता
एक मैं ही अन्यमनस्क था
किन्तु ज्वर के सन्ताप से नहीं।

तानपूरे पर वादी और संवादी
के दोनों तटबन्ध सम्हाले बैठी थी
वह सुघड़ श्यामा बालिका
जैसे भाद्रपद का नीलपुष्प
मन में उसी पर उमड़ आया था
अनुराग का जलज्वार।

मालकौंस की आलापचारी से
जो हुई अन्विति तो

भैरवी के समापन तक
मन मृग सा चंचल ही रहा।

उस यौवना के निर्निमेष अंजन नयन
का आकुल प्रणयी बन सोचता रहा
मेघदूत की यक्षी भी शलाका से
यों ही आँजती नहीं होगी नेत्र?
फिर नहीं रहा ध्यान कि
कल्याण के अवरोह में
मध्यम लगा या नहीं।

क्षमा करना उस्ताद!
बालकों सा ही मन था
संवत् चौंसठ के सावन में
जब तुम आये थे मेरे नगर
रुद्रवीणा का मुकुट पहने
और मैं कालिदास का
भटका मेघ ही रहा।

एकाग्रचित्त हो सुन ना पाया
तुम्हारे कण्ठ का वह नाद
नभ में देव दुन्दुभी का
घोष भी जिसके समक्ष माघ का
निर्जल मेघ था धारासार वर्षा वाली
उस दूरस्थ सन्ध्या में।

कविता का ‘मुंशी’

कुटिल होता है कवि
(इसीलिए तो कवि है)
कृपण होता है जैसे
कविता का ‘मुंशी’!

कायर होता है कृतघ्न भी
स्मृति क्षीण होती है उसकी
जैसे पुण्य जैसे वीर्य।

कूप का दादुर होता है कवि
कविता में ‘त्रैलोक्यजयी’
होने के बावजूद।

तब भी, कौन-सा वह गुण है
जो कहलवाता है कवि से कि :
“इतने कवि हो गये जनपद में
सभी करने लगे हैं काव्यचर्या
मेरा मन करता है कि
जा बसूँ मगध!”

वामन से विराट की गाथा
बाँची थी हमने ‘विष्णु पुराण’ में

ललाट पर लिखा था कि देखें
विराट में वामन की लीला!

कविश्रेष्ठ–
पिटवा दो यह मुनादी कि :
"मेरे सिवा कोई और ना रचे
काव्य मैं ही करूँगा कवित्त
एक पहर में तीन और फिर
तीन नामों से नौ और!"

किन्तु–
स्मरण रहे कि :
कविता का कुटुम्ब बड़ा है
जनाकीर्ण है कवि-कुल
कविता के जनपद में
कोई श्रेष्ठ भी हो तो
नहीं होता चक्रवर्ती!

द्रोण भी ना कह पाये थे
एकलव्य से कि तोड़ दो धनुष
हाँ, मन में कपट था तो
माँग लिया था अँगूठा।

कविवर–
तुम भी माँग लो सभी
कवियों के अँगूठे!
अंगुष्ठों की वन्दनवार से
सजा लो अपना महल!

किन्तु मत जाओ मगध
यहीं रहो कवि-कुल में
मगध में गुणगाहकों की
बहुत कमी है!

इन छहों रहस्यों के परे मैं रेत का ढूह हूँ

पहला रहस्य है : शब्द।

शब्द मुझे बिंध लेता है,
जैसे पोखर में मत्स्य को बिंध लेता है कण्टक।

दूसरा रहस्य है : विवरण।

विवरण मेरे सन्दर्भ का अलंकार है,
जैसे नवपरिणीता का कण्ठहार।

तीसरा रहस्य है : रचना।

रचना का अभ्यास मैंने बहुत यत्न से किया है
पाठ की गति को जैसा चाहे आकार दे सकता हूँ
जैसे कुम्भकार गढ़ता है मृत्तिका भाण्ड।

चौथा रहस्य है : स्मृति।

मेरी स्मृति नैमिषारण्य का शलभ है, खद्योत है
और यह किसी चमत्कार से कम नहीं कि
वह उचित अवसरों पर आलोकित हो
मेरा प्रथ प्रशस्त करती है

यह चमत्कार मुझे भी अचरज में डालता है।
पाँचवाँ रहस्य है : अभिमान।

यह मेरा कलुषित अभिमान ही है
जो बहुधा देवत्व के उन स्थानों में भी
बलात् प्रवेश कर जाता हूँ
जहाँ अन्यथा मेरा प्रवेश वर्जित।

छठा रहस्य है : कल्पना।

वैकुण्ठ से मुझे विदा करने से पूर्व
विठोबा ने वर दिया था कि जा तेरी नियति में
सदैव न्यस्त रहेगी वह कल्पना अविराम
जिसके कारण तेरे पैर उखड़े रहेंगे
काँपते रहेंगे तेरे घुटने!

और
इन छहों रहस्यों के परे
मैं केवल रेत का एक ढूह हूँ,
बंगभूमि में पद्मा नदी के तट पर
जिन्हें बालवृन्द गढ़ते,
मेट देता जलज्वार!

मैंने केवल ईजाद की एक ऊब

काग़ज़ मराकशियों ने ईजाद किया था। हुरूफ़ फोनेशियनों ने* शायरी अफ़ज़ाल ने! मैंने क्या ईजाद किया?

एक उचटा हुआ दिल, ख़ुदावन्द की उखड़ी हुई नींद से भी ज़्यादा, जब उसने तख़लीक की थी दुनिया!

मैंने दुनिया फ़ानी में चाहना की अमरजोत ईजाद की, चाहना ने ईजाद किया शीशे का क़फ़स, क़फ़स ने ईजाद किये बवण्डर। और इस तरह मेरी चाहनाओं से भरे तमाम ख़त अन्धड़ों में खो गये!

'यूनानियों' ने नक़्शे ईजाद किये थे। उन्हीं नक़्शों से रास्ता तलाशते हुए 'इंडस' नदी को लाँघकर वे हिन्दुस्तान चले आये। जेहलम की वादी में पुरु से लड़े। उसी जंग में पुरु ने वैसे बेक़ाबू हाथियों को ईजाद किया था, जो अपनी ही फ़ौजों पर दौड़ पड़े थे!

सिकन्दर ने दर्रों को लाँघने की वक़अत ईजाद की। मैंने क्या ईजाद किया? क़यामत तलक़ नहीं पूरने वाली दिल की खोह!

'रोमनों' ने कैलेण्डर ईजाद किये थे और महीनों के नामों को अपने शासकों के नामों से जोड़ दिया। कैलेण्डर नक़्शों से बेहतर ईजाद साबित हुए, इसका सबूत ये था कि 'रोमनों' ने 'यूनानियों' की समूची तेहज़ीब पर कब्ज़ा कर लिया था, यहाँ तक कि उनके देवता भी हथिया लिए।

रोमनों ने कैलेण्डर ईजाद किये थे, रोमनों ने ईजाद कीं तारीख़ें।
मैंने वक़्त ईजाद किया। मैंने ईजाद की उम्र।

मैंने एक बेसब्र इन्तज़ार ईजाद किया!
'मिस्त्रियों' ने स्याही ईजाद करके 'मराकेशियों' के काग़ज़ों और फ़ोनेशियनों के हुरूफ़ों को आपस में जोड़ दिया था। उन्हें उनके होने के मायने दिये थे।

मैंने ईजाद की अल्फ़ाज़ की एक तरतीब और तवारीख़ के अदब को जरी वाले हुरूफ़ों की लड़ियों से सजा दिया। और तब तवारीख़ ने ईजाद कीं तोहमतें और मुझे काँटों का ताज पहनाया!

घोड़ों की ईजाद 'आर्यों' ने की थी। सिन्धु घाटी में रहने वालों ने ईजाद की थीं ईंटें, सड़कें और स्नानागार। 'बेबीलोन' ने पहिये ईजाद किये थे। 'बेबीलोन' के बाशिन्दे अपने पहियों पर इतना तेज़ दौड़े कि इतिहास की सरहदों से बाहर चले गये!

मैंने उन तमाम चीज़ों की तलब ईजाद की, जो इतिहास के दायरों के बाहर थी। और इस तरह मैंने कुफ्र ईजाद किया!

मंगोलों ने मशक़ें ईजाद की थी, मैंने ईजाद की तिश्नगी।

तुर्कों ने शराब ईजाद की थीं, मैंने ईजाद किया ज़हर।

ज़हर ने क्लेओपात्रा की जान ले ली थी, मैंने ईजाद किया अलेक्सान्द्रिया का समुद्रतट और वहाँ क्लेओपात्रा की प्रतीक्षा करने लगा, अनन्त से अनन्त तक!

'क्रेमोनाइयों' ने वायलिनें ईजाद की थीं, 'वियनीज' ने सिम्फनी, 'वेनिशियंस' ने नहरें!

‘चीनियों’ ने रेशम ईजाद किया था, ‘भारतीयों’ ने दशमलव और ‘समरकन्द’ ने गुलकारी का हुनर ईजाद किया!

और आज मेरी ज़िन्दगी रेशमों, कैलेण्डरों, स्याहियों, वायलिनों और नहरों से भरी हुई है, जबकि मैंने इनमें से कुछ भी ईजाद नहीं किया।

मैंने केवल ईजाद की एक ऊब, ताकि ख़ुद से नाराज रह सकूँ।

और मैंने ईजाद किया वो अँधेरा, चाँदनी जिसका फ़ानूस है!

और तब मैं उस अँधेरे में कहीं खो गया, जैसे दश्त में ग़ुम जाती हैं सुइयाँ, किताबें और ज़ंग लगे जलपोत!

उस दिन उस जन्म में

(इंगमर बेर्गमान की नायिका बीबी आन्देर्सन के लिए)

बीबी की
फुसफुसाहटों भरी आवाज़
कभी भूलती नहीं।

उस दिन उस जन्म में
जब उसके हाथों से
जंगली स्ट्रॉबेरी के फल
बिखर गये थे,
घास की उनींदी पत्तियों पर
देर तक तिरती रही थी
एक भीनी-सी गन्ध!

उसे देखा था हंसिनी की तरह
अपने मासूम वैभव के परिधान में।

बादल भीज गये
चू पड़ा था वह रूई का फाहा
जब उसने पेशानी को
सफ़ेद रूमाल से पोंछा था
उस दिन उस जन्म में।

बीबी की
आँखों की वह सुबह-साँझ
कभी भूलती नहीं।

और दरवाज़ों पर साँकल नहीं है!

(सई परांजपे की फ़िल्म 'स्पर्श' के लिए)

कोहरे में खोई हुई सड़कें हैं!

लेकिन ऐसा न होता
तो भी फ़र्क़ ना पड़ना था,

कि आँखों में ही धूप कहाँ है?

बड़ी ख़ुशगवार धुली-पुँछी सुबह है!

लेकिन ऐसा न होता
तो भी फ़र्क़ ना पड़ना था,

कि मन के अहातों में तो अँधेरा है।

और एक दुछत्ती इमारत है,
जिसके घुमावदार सीढ़ियाँ हैं।

एक गीत की दिशा है,
जो दुर्दैव का दक्षिण है।

और बौने दरख़्तों का पड़ोस है
और दरवाज़ों पर साँकल नहीं है।

ख़ाली प्याला है,
धुँधला दर्पण है,
ख़ाली-ख़ाली मन है।

और तब एक 'स्पर्श' है।

यह 'स्पर्श' वह दीर्घ क्षण है
जब वे दोनों एक-दूसरे से मिलते हैं
और दो अनिश्चित अँधेरे मिलकर
एक पारदर्शी उजाला बनते हैं।

और जो ऐसा ना होता
तो सचमुच बहुत बहुत फ़र्क़ पड़ना था।

प्रेम त्रिकोण की तीसरी भुजा

देवदास की वेदना ये नहीं है
कि पारो उसे नहीं मिली।

देवदास की वेदना ये है कि
पारो का नहीं मिलना उसे मिला!

और अब वो नहीं जानता कि
पारो के नहीं मिलने को
अपने भीतर कहाँ रखे!

देवदास स्वयं को मिटाकर
पारो के अभाव का समकक्ष
होना चाहता है,
यही कुल कहानी है!

देवदास प्रेमी उतना नहीं है
जितना कि विरही है।
और हठ उसके भीतर बहुत है :
"चन्द्र खिलौना लैंहो" वाला।

चन्द्रमा ही चाहिए।
चन्द्रमुखी नहीं।

और अपने चन्द्रमा के माथे पर
एक दाग़ वह छोड़ जायेगा,
कि जाओ इस भेंट को शिरोधार्य करो!

पारो देवदास के पास 'प्रणयिनी' बनकर गयी थी।
उसे देवदास के पास उसकी 'माँ' बनकर लौट आना था।

किन्तु दर्प!
और आहत अहं!

दो गर्वीले जब प्रेम करते हैं
तो गर्व उनके प्रेम त्रिकोण की तीसरी भुजा होता है।

देवदास-पारो-चन्द्रमुखी, यह प्रेम त्रिकोण नहीं है।
देवदास-पारो-आत्मगौरव, यह प्रेम त्रिकोण है!

एक चन्द्रमुखी में ही आत्मगौरव नहीं है।
एक वही प्रेम करना जानती है!

मछलियाँ तक महज़ मछलियाँ

(आन्ह हुन्ग त्रान की फ़िल्म 'साइक्लो' के लिए)

कवि का नाम कवि है
लड़की का नाम लड़की
साइकिल चलाने वाला
साइकिल चलाने वाला है
मछलियाँ तक महज़ मछलियाँ।

मछलियाँ पानी को तरसती हैं
लेकिन उनके तरसने की कोई बही नहीं
कि कहीं भी कुछ दर्ज नहीं किया जाता।

नाम अगर एक जगह है
तो सभी अपनी-अपनी जगह से बाहर हैं।

और उड़नखटोले चौराहों पर
ज़मींदोज़ होते रहते हैं
आँसू आँखों से नहीं बहते
मृतकों को सुनाई जाती हैं लोरियाँ
(जिन्हें कि अब शायद देर तलक जागते रहना होगा)
पीला नीले में तब्दील होता रहता है
और ख़ून यूँ भी भला कब ख़ून था

(रूमालों पर लहू के पैटर्न-सी
लोहे पर ज़ंग की परत उभरती है)

फूटी आँखों वाले बिजली के लट्टू
देर तलक घूरते रहते हैं
दरवाज़े खुले पड़े रहते हैं और छज्जों पर
धूप छिटक आती है
स्याही पुते चेहरे सबसे गूँगे होते हैं
और आग पीले फूलों को निगल जाती है
लेकिन महज़ इसलिए नहीं कि
आग केवल निगलना जानती है।

(आग का पीला फूल
शीशम के जंगल में खिलता है)

पानी को तरसती मछलियाँ
दम तोड़ती रहती हैं जबकि
उनके तरसने की कोई आवाज़ नहीं।

नाम अगर एक जगह है तो सभी
अपनी-अपनी जगह से बाहर हैं।

कवि केवल कवि है
मछलियाँ तक महज़ मछलियाँ।

हरा नीले का स्वप्न देखता है

(वेर्नर हरज़ोग की फ़िल्मों के लिए चार कविताएँ)

(1)

'बेल्स फ्रॉम द डीप'

हरा नीले का स्वप्न देखता है
पहाड़ों को अपने नाम याद नहीं
समुद्र में डूबे हुए शहर पश्चात्ताप हैं
मेज़ें किसकी प्रतीक्षा करती हैं?
काँसे की घण्टियाँ कबूतरों के साथ गाती हैं
बलूत से सलीब भी बन सकता है बाँसुरी भी
बर्फ़ की एक परत जितना दूर है सुख
नदियाँ नावों की याददाश्त में रहती हैं
छतें मकानों की जिल्दें हैं
बर्फ़ सभी चेहरों को पोंछ देती है
कोहरे की मोमबत्ती कभी बुझती नहीं
ओस से धुले रंग नींद में डूबे हैं

(2)

'हार्ट ऑफ़ ग्लास'

पूर्व सूर्य की खिड़की है पश्चिम सूर्य की खोह
शीशे की आत्मा में कितनी दरारें होंगी?

शाम की लाल शराब किस प्याले में उड़ेली जाये?
हृदय रक्त का प्याला है
सूर्य का चरवाहा आग की भविष्यवाणी करता है
तारे कौन-सा पुल चुनें पहाड़ को पार करने के लिए?
मोमबत्ती के दो पंखों से कितनी दूर उड़ा जा सकता है?
बौनों की छाँह दैत्याकार होती है
हरी सुइयों का जंगल नींद में रिसता है
जो मृत है वह नाच में शामिल है
अधखुले दरवाज़े तराजू का काँटा हैं
बारिश के हार्प में कितनी डोरियाँ होंगी?
अगर मेज़ एक चिट्ठी है तो कपास के मायने क्या होंगे?
समुद्र के पाखी समुद्र के प्रकाशस्तम्भ हैं
फूल खिड़की के किनारे चुपचाप जलते रहते हैं।

(3)

'व्हील ऑफ़ टाइम'

ईश्वर रूमाल की तहों में सो रहा है
दीये किसके पदचिह्न हैं?
झीलों की खिड़कियाँ किस ओर खुलती हैं?
फूल रंगों का उत्ताप हैं
पहिये सड़क के कानों में कुछ कहते हैं
धूप सूरज का सूत है
दराज़ों को नज़ला क्यों रहता है?
किताबें क़तार में क्यों ऊँघती हैं?
जूते तलुओं में अपना चेहरा छुपाकर रखते हैं
पनचक्कियाँ किसे अलविदा कहती हैं?
समय की मक्खी काँच की एक डिबिया में क़ैद है।

(4)

'नोस्फेरातु'

नहरें धरती की शिराएँ हैं
खिड़कियों के बाहर भी खिड़कियाँ हैं
खिड़कियों के भीतर भाप का आईना
हरी चींटियों की बेल दीवार पर चढ़ती है
घास ताबूत में उगती है
शहद किसके आँसू हैं?
ख़ून के गुलाब का वसन्त कहाँ है?
मृत्यु रेशम के पड़ोस में रहती है
वायलिनें अहातों के लिए लोरियाँ गाती हैं
ईंटें अपनी आँच कहाँ छुपाकर रखती हैं?
समुद्र चूहों का सारथी है
रोशनी एक दरवाज़ा है या गलियारा?
एक तितली स्वप्न देखती है :
दुनिया मोम के एक क़तरे में सो रही है।

आईनों की नदी में चेहरे और नाम

(अन्द्रेई तारकोव्स्की की फ़िल्म 'मिरर' के लिए)

वह अपने होने की ओर पीठ किये हुए है।

वह अपने 'आज' में कभी नहीं होती
और चूँकि, वह अपने 'आज' में नहीं होती,
इसलिए वह अपने 'कल' में भी नहीं होती
और चूँकि वह अपने 'यहाँ' में नहीं होती,
इसलिए वह अपने 'वहाँ' में भी नहीं होती

बस, ज़माने ही इलाक़े हैं
वहीं आना-जाना है।

और, हरी घास है,
सुलगती टहनियाँ हैं,
विकल प्रतीक्षा है!

और तरल हवा है,
जिसमें कैमरे की आँख
एक अनवरत पैनिंग में
तैरती रहती है :

जैसे आईनों की नदी में चेहरे और नाम!

क्लान्त देहों की कहानियाँ हैं

(जॉर्जियाई निर्देशक ओतार ओसेलियानी की फ़िल्म 'चंत्रपस' के लिए)

फूलों का एक बाग़ है,
जिसे रौंदकर सड़क बना दी जाती है।

शहर से दूर एक मठ है,
जहाँ से चन्द शरारती बच्चे
देवताओं के चित्र चुरा लेते हैं।

सड़क के किनारे बैठकर
हार्पसिकोर्ड बजाता एक अधेड़ है।
लॉन पर अकॉर्डियन बजाती
एक नन्ही लड़की है।

और एक जलपरी है,
जो एक नाकाम फ़िल्म निर्देशक को
खींचकर अपने साथ ले जाती है,
जबकि वह तो केवल मछलियाँ पकड़ने
झील पर आया था।

सादा छवियों की कविता है।
क्लान्त देहों की कहानियाँ हैं।
सिनेमा का देश है।

सबकुछ है और सबकुछ के होने की चाबियाँ गुम चुकी हैं

(फ़ेदरीको फ़ेल्लीनी की फ़िल्म 'एट एण्ड अ हाफ़' के लिए)

नीनो रोता का जैज़ है
फ़रवरी के रूमाल पर फ़ेल्लीनी की फ़िल्म का
क़शीदा काढ़ते हुए।

सफ़ेद रौशनियाँ हैं और वायलिनों का कण्ठ काँप रहा है
(वायलिनें क्या दिल के तारों को उमेंचकर बनायी जाती हैं?)

जो भीतर से भरा हो उसमें आवाज़ कहाँ जो ख़ाली है वही तो गूँजता है
(तब भला दिल की खोह को हम क्यूँ पूरें?)

ज़िन्दगी के कार्निवाल में सब शरीक़ हैं
और सफ़ेद फीते लहरा रहे हैं, सभी के दिलों में रौशनी है
(हम अपने हिस्से की रौशनियों को किस नाम से पुकारें?)

सभी एक-दूसरे से हिले-मिले हैं
और किसी को किसी की ख़बर नहीं
(हम अपनी ख़बर ख़ुद को किन लफ़्ज़ों में सुनायें?)

दोशीज़ाएँ हैट लगाये हैं और माएस्ट्रो वायलिनों के अन्तःस्तल को पुकार
रहा है
(शाम के कन्धों पर सफ़ेद कन्दीलें टिमटिमाती हैं)

सबकुछ है और सबकुछ के होने की चाबियाँ गुम चुकी हैं।
जब तक यह संगीत है,
दिल की खोह में उचटता हुआ
मैं समुद्र में डूबता रहूँगा।

जब यह संगीत बुझ जायेगा,
मेरे हिस्से की डूब भी
मेरे पास से जाती रहेगी!

तिस पर ईस्टरटाइम!

(बॉब डिलन के गीत 'जस्ट लाइक टॉम थम्ब्स ब्ल्यूज' के लिए)

मैं मार्टिन स्कोर्सीज़े की डॉक्यूमेंट्री 'नो डिरेक्शन होम' देख रहा था
जबकि वो तो दिसम्बर तक नहीं था!

वो उस नये-नवेले 'नोबेल लॉरिएट' के जीवन पर एकाग्र डॉक्यूमेण्ट्री थी
और अचरज कि मेरा ध्यान 'रॉक एन रोल' ने खींचा, जबकि वो तो
'प्रोटेस्ट सॉन्ग' तक नहीं था!

'जस्ट लाइक टॉम थम्ब्स ब्ल्यूज़', ये कितना अजीब टाइटिल है, मैं देर
तक सोचता रहा, हालाँकि 'ब्लॉण्ड ऑन ब्लॉण्ड' का ही कोई मतलब
कहाँ निकलता था?

"व्हेन यू आर लॉस्ट इन द रेन इन हुआरेज़ एण्ड इट्स ईस्टरटाइम टू"

किसी प्रान्त के लिए इससे अजीब नाम क्या होगा कि उसे 'चिवावा'
कहकर पुकारा जाये? तो क्या हुआरेज़ की बारिशें 'मैक्सिकन स्टैण्डऑफ़'
की तरह होंगी, जिसके दौरान मजाल है कि आप अपनी जगह से ज़रा भी
डिग सकें, रास्ता भूल जाने के बावजूद?

तिस पर 'ईस्टरटाइम'!
माचिस की डिबियों सरीखे 'मैनहट्टन' के सिलसिलेवार ब्लॉक्स के सामने
हरी साड़ी पहने तुम बारिश में काँपते दरख़्त-सी लग रही थीं और जब

मैंने 'गॉडेस ऑफ़ ग्रीन' कहकर पुकारा तो कितनी चहक उठी थीं जबकि तुम्हारा तो नाम भी 'मेलिण्डा' नहीं था।
"स्वीट मेलिण्डा, द पेज़ेण्ट्स कॉल हर गॉडेस ऑफ़ ग्लूम"

मैंने 'ग्लूम' को 'ग्रीन' से बदलकर उस पंक्ति को तुम्हें सौंप दिया था, क्या इस गुनाह के लिए मैं यह सफ़ाई देकर नहीं बच सकता कि 'हाईवे 61 रीविज़िटेड' से ग़ैरवाक़िफ़ रहने की यही सज़ा है?

'न्यूपोर्ट' में, पेरिस में, मैनचेस्टर में घुँघराले बालों वाले उस नौजवान सिंगर को जब केवल इसीलिए हूट किया जा रहा था कि उसने 'अकूस्टिक गिटार' उठाकर नीचे रख दी थी तो आधी सदी के बाद कुलजमा इतना ही हुआ कि वो दुनिया की सबसे 'लेजेंडरी हूटिंग्स' बन गयीं, जिन पर 'यूटयूब' के करोड़ों 'व्यूज़' बरसने लगे!

टेनसी में बैठा कोई 'टॉम थम्ब' यूट्यूब पर 'नो डिरेक्शन होम' के फ़ुटेज देख रहा होता और वह गीत दिखाये जाने पर कमेण्ट बॉक्स में लिखता :
"हू इज़ हियर आफ़्टर ही वॉन द नोबेल प्राइज़ फॉर लिट्रेचर?"

और तब कोई प्रत्युत्तर में कहता : "रॉक संगीत का पहला नियम बॉब ने रचा था और वो ये था कि *"प्ले इट फ़किंग लाउड!"*

मेरे पास जब करने को और कुछ नहीं होता तो मैं 'विजन्स ऑफ़ जोहान्ना' सुनता हूँ, जिसे अलबत्ता एलेन गिन्सबर्ग को 'इम्प्रेस' करने के लिए लिखा गया था, लेकिन जोन बाएज़ ने समझा कि 'जोहान्ना' के लिए लगायी गयी टेर वास्तव में उसके लिए है।

कुछ गफ़लतें भी कितनी 'एम्बैरेसिंग' होती हैं!

और यह कितने अचरज की बात है कि जब मेरा दिल डूबा होता है तो यह सोचना ही मुझे सुकून देने लगता है शायद मेरी शक्ल 1966 के उस किंवदन्तियों से भरे 'वर्ल्ड टूर' पर निकले बॉब डिलन से मिलती है!

कि कुकुरमुत्ता भी कौतुक!

(इतालो कल्वीनो के 'मार्कोवाल्दो' के लिए)

वेरोना नहीं, मिलान नहीं,
यह तो नॉर्दर्न इटली के बालों में
क्लिप की तरह खोंसा हुआ
बोलोन्या का शहर है
जहाँ लोम्बार्दी के बेर्गामो से आया
मार्कोवाल्दो उनींदी आँखें लिए रहता है।

शहर के तुमुल कोलाहल कलह में एक बौड़म भुच्च देहाती।

तिस पर गुरबत का वो आलम
कि कुकुरमुत्ता भी कौतुक!

बोलोन्या के कलघरों से निकलती कालिमा पर से
मार्को की नज़र बेख़याली से फिसल जाती है
मानो वह 'मार्कोवाल्दो' नहीं 'मार्को पोलो' हो।

ट्रैफ़िक सिग्नल की पीली बत्ती
जैसे उसके लिए सुदूर पूर्व में टाँका हुआ
कोई बेभूला तारा हो।

कद्दू की बेलों से भरी खिड़कियाँ
उसके सिर के बहुत बहुत ऊपर

टँगी रहती हैं।
और 'वीया मास्कारेल्ला' की नियोन लाइटें
तो जैसे उसको डराती हैं।

इसके उलट, वित्तोरियो दे सीका के साइकिल चोर की तरह
कारख़ाने से टिफ़िन लेकर जब वह घर लौटता है
तो उसकी आँख में अँट जाती हैं शाख़ पर
पीली पड़ रही पत्तियाँ।

हवा में उड़ते किसी भी पर पे अटक जाता है उसका मन,
सुर्ख़ाब का नहीं हो तो भी क्या।

और सड़क किनारे दरख़्त पर लगे
अंजीर के हरे फलों को देखकर
सोचने लगता है जाड़ों में नहीं थे,
अभी वसन्त में कहाँ से चले आये हैं ये अंजीर?

मानो बोलोन्या में वसन्त का चला आना कोई भूल हो!

वैसे में क्या हो अगर ट्राम-स्टेशन की नालियों के पास
उसको दिखाई दे कुकुरमुत्तों की अनामन्त्रित फ़सल
और वो मन ही मन इस कल्पना के पुल बाँधने लगे
कि अब तो सप्ताहान्त में एक बीवी छह बच्चों के साथ
मशरूम की दावत उड़ाई जायेगी?

एक बार भी यह सोचे बिना कि
विषाक्त भी हो सकते हैं कुकुरमुत्ते

चाहे कितनी ही कोमल क्यों ना नज़र आयें
उनकी सफ़ेद छतरियाँ।

या यह कि कोई और भी तो चुरा सकता है
खुले में बिछी वह दौलत?
अहे, सरलते!
ये मार्कोवाल्दो की दुनिया है!

ये अचरज का अछोर प्रसार है
सान जियोवानी की सड़क
और जाड़े की रातों में
एक यात्री का संसार!

और, ज़िन्दा रहने के हज़ार लुत्फ़
और मर जाने के ख़याल से ही
ग़मज़दा हो जाने की वजहों में
शुमार हैं :

कुकुरमुत्तों के कौतुक से भरे
कल्वीनो के वे अदृश्य शहर!

तुम एक उचटी हुई नींद थे अमेदियस

(मोत्सार्ट के लिए)

शराब की लुढ़कती हुई बोतलों और
आँसुओं की भाप के अन्तिम छोर पर
"ग्रेट मास इन सी मायनर 'कायरी'"
तुम आँकते हो गिरजे के अवसन्न अन्तराल में
एक समानान्तर सतह
और छोड़ देते हो
बाक़ी चीज़ों को
असमाप्त।

तुम्हें रचना था ख़ुद के लिए एक विलाप गीत
जबकि हमारे लिए तुमने
वायलिनों की दिलक़श
रवानियाँ ही रख छोड़ीं
एक अलमस्त लय में गूँथकर
रवा-रवा कर दिया
हमारी नीरव रातों को!

स्केल बदलता है—
क्षितिज पर एक और क्षितिज!
"पियानो कैन्चर्टो नं.15 के.450"
तुम अभी रास्ते में हो, घर नहीं पहुँचे

विएना की अवास्तविक-सी सड़कों को
रचते किसी तराने की तरह
पियानो का पहला नोट हवा में टिमकता है
किसी सितारे की तरह जिसे सहलाती हैं
तुम्हारी भूखी अँगुलियाँ
जिनके ऐन नीचे करवट बदलती है एक नदी
और एक फाख़्ता गिरता है
अपने कटे पंखों के साथ
सिम्फ़नियों के समवेत में!

रात है, तुम्हारे बेतरतीब काग़ज़-पत्थरों पर
फैल रही है स्याही
बिलियर्ड्स टेबल पर ऑपरा लिखते तुम
फ़िगरो का ब्याह
चौथा अंक, कोरस और टेनॅर्स!
आवाज़ों और हरकतों की गेंदें लुढ़कती हैं
शराब का गिलास ख़ाली होता ख़ुद पर
छनती हुई सफ़ेद रोशनियों के पसेमंजर
पिता की नज़रों से छुपाकर
एक और सीक्वेंस लिख डालते हो तुम
कमरे के लहराते परदों के सिवा
किसी को कानोंकान ख़बर नहीं होती!

लेकिन नींद के इस तरफ़
मोमबत्तियाँ सुबकती हैं
वो कौन-सी अन्तहीन आग थी, अमेदियस
जिसके बाबत बतिया रहे थे सालियारी से
अपनी डूबती नब्ज़ों को ऑर्गेन की उदासी में घोलते

"रेक्वेइयम मास इन डी मायनर... कंफ़ूतातिस..."
जिसे तुमने अपने भीतर जगह दी
और ख़ुद को होने दिया ख़ाक
तुमने सरेआम ख़ुद को पिता का हत्यारा पुकारा
और अपने हत्यारे को मोहलत भी न दी बच निकलने की
मौत के मचान पर माफ़ी माँगकर उससे
और अब तुम्हारे पास इतना भी वक़्त नहीं
कि पूरा कर सको अपना मृत्युगीत!

एक और सैकड़ा ड्यूकेट्स के लिए
तुम रचते हो 'लेक्रिमोसा'
क़ब्रों पर बिखरता है सफ़ेद कोहरा
बारिशें होती हैं बेसब्र
तुम आँखें मूँदते हो
और एक धुएँ की लकीर लपकती है
जिसे तुमने टर्किश नाच की लयबद्ध देहों की
धोखादेह लज़्ज़त में कहीं
छुपा दिया था!

नींद के इस तरफ़, अमेदियस
उचटी हुई नींद के साथ
जाग जाना वक़्त से ख़ूब पहले
किसी जंगल में ज़ब्त हो जाने जैसा होता है
और ऐसे मौक़ों पर ख़ूब ताक़तवर साबित होते हो तुम!

तुम दफ़्न नहीं हुए
बस, जाग गये थे अपनी मौत में
हमारी तमाम पराजयों के साथ

बैसून और बैसेट हॉर्न्स की सुस्तियों के ऐन ऊपर
काँसे की घण्टियों-सा टँगा क्लैरिनेट का वो
अकेला और शानदार स्वर
तुम हो।

जिस तक सुबह की नंगी पीठ
और जुआघर की ख़ाली मेज़ें
और जादुई बाँसुरियाँ
और बर्मी के हार्प की
मद्धम गुनगुनाहटें
पहुँचने नहीं पातीं!

मोमबत्तियों के साथ हम मूँदते हैं आँखें
तुम एक उचटी हुई नींद थे, अमेदियस
जिसे हमने किसी अनबुझ आग की
परछाइयों में बिलाते देखा था
सदी के पिछले पहर!

निरी गप्प-गाथा नहीं सच कहता हूँ

रात की क्लान्त कालिमा में एक गुब्बारा सड़क पर तैर रहा था।

गुब्बारा अकेला नहीं था। उसकी पूँछ डोर से बँधी थी। डोर बच्चे के हाथ में थी। बच्चा माँ की गोद में। माँ बच्चे के पिता के साथ, साइकिल की पिछली सीट पर।

कुल तीन जन का क़ुनबा!

शहर की रात में, चलती सड़क पर, हेडलाइटों की रौशनियों में सफ़ेद बादल-सा हवा में तैर रहा था गुब्बारा।

कोठारी बाज़ार में किया होगा बच्चे ने हठ, जिसके सामने हार गये होंगे माँ-पिता। पाँच रुपये से अधिक का नहीं होगा वो फुग्गा, पर बच्चे के लिए तो सम्पदा बेमोल।

इन्दौर की छोटी ग्वालटोली पर बीती रात देखा मैंने वह दृश्य!

कोमल थी बच्चे के हाथ की गिरफ़्त, वायु के वेग से हाथ से छूट गया गुब्बारा, उड़ चला सड़क पर।

किसी भारहीन गेंद की तरह, सड़क पर टप्पे खाता, जादुई सी लय में, बेआवाज़, कभी इधर, अभी उधर, रात नौ बजे वाले शहरी यातायात में!

निमिषभर को तब दोल ना गयी होगी ब्रह्मा की आसन्दी! बटुवा गिरता तो धप्प से अन्धकार में खो रहता।

चाँदी का कँगन गिरता तो कोई ना कोई चुपचाप उठाकर खीसे में रख लेता।

दफ़्तर की फ़ाइल गिरती तो उसे सुबह तक नहीं चरते आवारा ढोर-डंगर।

किन्तु बटुवे का मोल था, कँगन का था, और बिजली महकमे के बड़े बाबू की नज़र में ही सही, किन्तु मूल्यवान थीं फ़ाइलें!

फुग्गे का कोई मोल ना था, वो तो बेमोल था।

एक गाड़ी इधर से निकली, दूसरी उधर से, कुचलते-कुचलते बचा फुग्गा।

बच्चे के मुँह से एक पारदर्शी सी चीख़ निकली और बेध गयी क्लान्त कालिमा को कील की तरह।

जहाँ था वहीं का वहीं ठिठक गया। ऊपर की साँस ऊपर, नीचे की नीचे!

दो जन रुके और लपककर उठा लिया फुग्गा। तीसरे ने माँ-पिता को लगाई पुकार। एक चौथे भाई ने हाथ दिखाकर रोक लिया यातायात।

समूची सृष्टि तब जैसे वहाँ ठहर गयी थी।

बटुवा होता तो भला कौन परवाह करता!

जुगनू की तरह दिपदिपा रहा था गुलाबी रंग का गुब्बारा, रात की रौशनी में तारे-सा टिमटिमाता।

एक ने आगे बढ़कर बच्चे को लौटा दिया, जिसकी आँख में ओस की नमी का निःशेष।

गद्गद मुस्कराते रहे माँ-पिता, कोने में टिकाए साइकिल।
निरी गप्प-गाथा नहीं, सच कहता हूँ।

इन्दौर की छोटी ग्वालटोली पर बीती रात देखा मैंने वह चमत्कार!

कितने तो अजूबे देखे, जैसे कि रोज़ सूरज का उग आना, नारंगियों में रंग भर जाना, जनवरियों में शीत!

पर वैसा सुखद संयोग ना देखा, कि बच्चे के पास लौट आये हाथ से छूटा फुग्गा!

और तब जाकर मैंने जाना कि अब तक तो किसी ब्लैकहोल के काले पानी में कब की डूब रहती ये धरती, अगर कभी, किसी दिन, यह हरगिज़ मुमकिन नहीं रह जाता कि बच्चों के हाथों में सही सलामत लौट आयें उनके गुमे हुए गुब्बारे!

यह जीवन अधजिये और अनजिये का शोक है!

इतना कुछ अनजिया है कि
आने वाले दिन बहुधा मन में
अतीत का सा मोह जगाने लगते हैं।

लेकिन आने वाले दिनों में अतीत सी धूप कहाँ!

और इतना कुछ अधजिया है कि
बीते हुए दिन भविष्य की
लालसा से हो जाते हैं।

लेकिन बीते हुए दिनों में भविष्य सा अवकाश कहाँ?

कितना कुछ था जो करना था
किन्तु आने वाले दिन उस सबके लिए
अतीत की तरह नाकाफ़ी हैं!

और कितना कुछ है जो इतने अधूरे मन से किया है
कि मुझे अपने अतीत के लिए अपने आगत सा
अछोर प्रसार चाहिए!

मैं आगे बढ़ने से पहले
पीछे लौटकर जाना चाहता हूँ

अधूरेपन की सभी गाँठों को खोलकर
मुक्त हो जाना चाहता हूँ
और दुःख केवल यह नहीं है
कि पीछे लौटकर जाना सम्भव नहीं
सन्ताप यह भी है कि लौटने की मियाद भी
इतनी सर्वग्राही कि ठहराव के भँवर में
निगल जाती है!

यह जीवन अधजिये और अनजिये का शोक है!

मैं मणिकर्णिका का शव हूँ
जल और अग्नि ने जिसे
आधा खाकर छोड़ दिया
और अब विगत-वंचित, वर्तमानहीन,
अनागत के प्रेत-सा
समय के उस धार में तैरता हूँ
जो मेरा नहीं!

बैबेल की मीनार

बैबेल की मीनार क्या है?
एक मीनारक़द ख़ालीपन ही ना!

मीनार जितनी ऊँची होती जाती है
उसके भीतर की खोखल भी
उतनी ही ऊँची होती जाती है

और एक दिन खोखल मीनार को निगल जाती है!

बैबेल की मीनारें हमेशा अधूरी छूट जाती हैं।
पूरी केवल वे इमारतें होती हैं
जिनके भीतर असबाब भरा होता है।

और जिनके भीतर गूँज भरी हो
वो इमारतें होती हैं घुप्प
निविड़ रिक्तियों का एक स्मारक
जैसे कि दिल की खोह!

दिल भी तो बैबेल की मीनार है!

वैसा ही है गृहस्थ दुःख

सुख, देह में शरणार्थी है।

दुःख, मन-प्रान्तर का नागरिक।

कोई सुख इतना गहरा नहीं, नुकीला नहीं कि आत्मा के कोनों-अँतरों में धँस जाये, वेध डाले अस्थियाँ, रक्त में रुके तो प्रलय तक ना डिगे।

कोई दुःख इतना वायवी नहीं, चंचल नहीं कि आये और लौट जाये, आखेट के मृग-सा अथिर, ओस के कण्ठहार-सा अवास्तविक, प्रवाद-सा कल्पित, स्वप्न-सा मरणधर्मा!

आते ही लौटने को उद्यत, असंग, उन्मन, देहरी पर गठरी लिए खड़ा, बाट जोहता निर्निमेष, वैसा ही है यायावर सुख।

भर दोपहर सोता है, साँझभर लॉन में छाँटता है घास की पत्तियाँ, जैसे कहीं जाना ना हो, और कोई ठिकाना ना हो, वैसा ही है गृहस्थ दुःख।

दुःख नियम की तरह अडोल है, सुख अपवाद की तरह आकस्मिक!

सुख द्रुत है, दुःख स्थायी!

जीवन का वादी संवादी स्वर, षड्ज और पंचम्!

जीवन् दुःखम्!

रंज इस बात का है कि रंज ना रहेगा!

किसी संग्रहालय में नहीं सँजोया जायेगा पीड़ा का पुंज।
जंगल के फूल की तरह आँसू अनदेखे सूख जायेंगे।

जिसे नज़रअन्दाज़ कर दिया गया था,
भला उसे याद भी क्यूँ रखा जायेगा!

कोई नहीं जान सकेगा, टूटे मन का विलाप।
आकाश का सबसे अकेला तारा भी नहीं।

किसी बही में कुछ दर्ज ना किया जायेगा।
छिले घुटनों का मुआवज़ा मिलता है,
टूटे मन का नहीं!

रंज इसी बात का है कि रंज भी नहीं रहेगा!

बेआवाज़ अफ़सोस की तरह कहीं डूब जायेगी दुःख की नैया!

और फिर, हम भी आगे बढ़ जायेंगे, वस्त्रों की तरह उतारकर अपने शोक।

अपने दुःखों को भुलाकर आगे बढ़ जाना, ख़ुद के साथ की जाने वाली उन बेअदबियों में शुमार हैं, जिनकी किश्तें ज़िन्दा रहने के एवज़ में चुकाना होती हैं!

ज़िन्दगी, इसीलिए, एक निहायत वल्गर क़िस्म की शै है!

हरे मोम की पत्तिया

हरे मोम की पत्तियाँ खिड़की पर दस्तक देती हैं।

अपराह्न के कोई साढ़े पाँच बज रहे होते हैं।
मैं उसे सुनता नहीं, देख लेता हूँ।

हरे मोम की पत्तियाँ बहुत आहिस्ता बोलती हैं।

खिड़कियों के भीतर जो है
वह किसके बाहर है?
बाहर का भीतर कैसा होता होगा?

मैं एक हरी आहट देखता हूँ
मैं एक हरी छाँह का स्पर्श त्वचा पर
अनुभव करता हूँ

लेकिन सुन नहीं पाता!

हरी साँझ की साँसें
बहुत मद्धम लय पर चलती हैं।

एक असम्भव समुद्र में नक़्शों से लदी नाव की तरह

दोपहर के बाद दफ़्तर अपनी दीवारें बदलता है
एक अधूरा पुल ढहता है और निशानदेही के साथ
काटे जाते हैं दिन के दरख़्त
मैं एक गुलाबी रंग को गुलाबी रंग की तरह
पहचानने से इनकार करता हूँ
आलपिनों से छिदे क्षितिज पर
टाँगता हूँ अपनी उतरी हुई परछाइयाँ
कुछ पुराने चरित्र
एक उपन्यास के भीतर
कुचलकर मर जाते हैं।

ठीक वक़्त पर सुबह किसी सायरन की तरह बजती है
मैं सायरन की चेतावनी का
समझाइश की शक्ल में
ग़लत तर्ज़ुमा करता हूँ
साँसों की खोह मुझे निगलती है साँप के पेट की तरह
और मैं अस्थियों का मुकुट पहने
डूबता रहता हूँ।

एक आवाज़ मेरी डेस्क पर आकर गिरती है
जिसे मैं हमेशा एक फ़ासले से देखता हूँ

भौंहों की धुन्ध के बीच औंधी पड़ी रहती हैं
संगीन चुप्पी की तश्तरियाँ
अँधेरे में उसके चश्मों के शीशे
उसकी आँखों से ज़्यादा चमकते हैं
मैं उसे सोचता हूँ और सोच के बीचोबीच
एक लकीर खिंच जाती है
उसे मैंने कभी एक असम्भव समुद्र में
नक़्शों से लदी नाव की तरह पहचाना था!

एक गुंजाइश और एक ट्रेन मेरी आँखों के सामने से छूट जाती है
मैं पटरियों से उसके छूट जाने के निशान नहीं मिटाता
शल्कों और शैवालों से भरा एक दरिया मेरे भीतर से गुज़रता है
मैं वमन करता हूँ विचार और निगलता हूँ सीढ़ियाँ और सड़कें
शहर के चौराहे पर ट्रैफिक महकमे का रंगरूट
एक नयी गाली ईजाद करता है
और मैं उसे ज़रूरी चीज़ों के बीच
एक हिदायत और एक नुस्ख़े की तरह
नत्थी कर देता हूँ।

दुनिया के अन्तिम पत्थर के पास
मुझे एक रक्तरंजित देवता का शव मिलता है
मैं उसके झुलसे हुए पंख देखता हूँ और मेरी आँखें
झाड़ियों में गेंद की तरह गुम जाती हैं
मैं उन्हें खोजता नहीं ना शव की शिनाख़्त करता हूँ
इस दौरान अख़बारों के रोज़नामचों से हटाई जाती रहती हैं
ख़बरें और ज़रूरी तफ़सीलें!

मैं सीखता हूँ रेंगना उन चींटियों से
जो ज़मीन के ज़ख़्म सीती हैं
और हमेशा चुप्पी साधे रहती हैं
अपनी इस हरकत
तक के बाबत।

मैं, तुम्हारी आवाज़ का हरकारा

(लोर्का के लिए : इन पंक्तियों के लेखक ने लोर्का की चिट्ठियों का अनुवाद किया था)

तुम्हारी कविताओं की सरहद जहाँ तक पहुँचती है फ़ेदरीको
उतने ही बड़े साबित हुए हैं तुम्हारे पैर
ठहरे हुए और शोक में डूबे जूतों में दुबकी मौत
और काले गोश्त के कन्धे को नंगे पैर लाँघते
देहातियों के सूखे-दरारोंवाले चेहरों पर
लाल शराब की नशीली आँच की मानिन्द फैल गये तुम
और तब्दील हो गये धरती की कड़वी और
हड्डियों तक छेद देने वाली आवाज़ में
तुम्हारा नाम एक परचम है फ़ेदरीको
गर्म-जवान ख़ून के धब्बों वाली
दहलीज़ पे लहराता एक परचम
जिस पे लिक्खा है—'ला बाराका!'

तुम्हारे गीत औचक
गीली पत्तियों की तुर्श हवा में
कौंधते हैं
पानी की हर बूँद में
गितार के लोअर ऑक्तेव सरीखी
तुम्हारी आवाज़ को आँकने की
कोशिश करते हैं हम
देजी के फूलों, मधुमक्खियों, धूसर मोतियों

और खिड़कियों से तारों का परदा हटाकर
ताकते हैं सीसे के आकाश में!
अस्थिपंजरों के जबड़ों से सोने के दाँत खींचकर
निकालने वाले हत्यारों को तुम
हासिल नहीं हुए थे फ़ेदरीको
समुद्र की सलवटों पर सेब की तरह उछलते
छठे चाँद की परछाईं में कान लगाकर
अब भी सुनते हैं हम
ठहाकों की शराब में डूबे
तुम्हारे जंगली बैलेड!

तुम्हारा नाम लेकर पुकारने वाले
चिनार के दरख़्त उसी रोज़ से ख़ामोश हैं
जब विज़्नार में देहात की दीवार के क़रीब
उधड़ी रोशनियों की उड़ती चीलों के नीचे
तुम गिर पड़े थे एक कटे पेड़ की तरह
किसी अंदालूसी गीत की ज़िन्दादिल गूँज
मेंदोलिन की उदास ख़ामोशी में गुम गयी थी
इस्पहानी धरती की छाती चीरते
इस्पात के हलों ने ठिठकते हुए देखी थीं—
उखड़ी जड़ें नहीं, बल्कि मृत देहें
कड़वे शहद में लथपथ!

और मैं, तुम्हारी आवाज़ का हरकारा
लिहाफ़ में छुपी तुम्हारी चिट्ठियों को
अपनी ज़बान के उजाले में लेकर आता रहा महीनों
सर्दियों की लम्बी रातों में
और अक्सर मैंने चाहा है ख़ासी शिद्दत के साथ

एक चिट्ठी लिखना तुम्हारे नाम
लालच और ज़ुल्म की मुख़ालफ़त में शहादत जैसी
कविताओं और कठपुतलियों के हक़ में
31, आसेरा देल कासिनो, ग्रानादा की इबारत बाँचते
मैं भटकता रहता अँधेरे में
सिएर्रा नेवादा के पहाड़ चुपचाप खड़े रहते
तुम्हारा कोई तयशुदा पता नहीं मिलता

और नीबू के फूलों की भाप में
ख़ामोश तैरते रहते वेलेनसियन खेत
गुलाबों की राख उड़ती रहती
तुम दुनिया की तमाम नदियों के पुलों को
अपने बड़े-बड़े नंगे पाँवों से लाँघते
समुद्री घास की नशीली गन्ध में
गुम हो जाते हो फ़ेदरीको!

और अपनी बेचैन रूह के उसी बेमाप कुएँ से
हमें आवाज़ देते रहते हो हरदम
जिससे सन्त थेरेसा ने अपना भीतरी क़िला गढ़ा था
जबकि हमारी बहरी और हत्यारी सदी
चाक़ू की चमकीली धार पर महज़
लड़खड़ाते खड़ीभर रह सकी है!

ये वो तलाश थी जिसे तलाश रहा था

नहीं, ये मेरी आवाज़ नहीं थी
जिसे तलाश रहा था आज सुबह अचानक एक ख़ासी शिद्दत के साथ
दरअसल, तलाश रहा था मैं अपनी आवाज़ की तलाश को
मेरा अकेलापन अब उतना मेरा नहीं रहा
मैं टूटता हूँ लेकिन अब अपनी तरह नहीं टूटता।

मेरे कमरे के ताँबई आकाश में मज़बूत और चमकदार
डैनों वाली चीलों की गहमागहमियाँ तलाशता था
जहाँ अब मैंने चन्द बेरंग फीते लटका दिये हैं
वे लहराते हैं रोज़ मैं चाय पीता हूँ अब भी
सुकून के साथ अलसुबह
मैं अपनी नींद को जब-तब
सहला लिया करता हूँ!

अपने इशारों तक में दख़ल डालती हैं अब
अलमारी से किताबों की ठण्डी चुप्पियाँ
पारे की हवा के बीचोबीच जैसे
पत्थर और पश्मीने टाँग रखे हों
मैं बातें करता हूँ यदा-कदा जब बोलने को ख़ास कुछ नहीं होता
जबकि कुछ ज़्यादा ही बोलता हूँ पहले से अब
अपने पुराने ग़ून्नेपन को छेदता हूँ आवाज़ की आलपिनों से
पर अब उतना अपना नहीं लगता ये मेरा अकेलापन!
मैं अपने पस्त होने की तलाश कर रहा था आज सुबह अचानक

अरसे बाद चाह रहा था कि हार जाऊँ फिर से पुराने दिनों की तरह
मैं जानता हूँ कि फिर भी कोई न कोई सुरंग मुझे निगल ही लेगी
सभी की ये अपनी-अपनी सुरंगें—बढ़िया, सुविधाजनक, टिकाऊ!
अख़बारों के इश्तिहारों, हकीम के नुस्ख़ों की तरह
रज़ाई के गर्म सुखद आश्वासन
जिनकी सीवन मुझे अपनी नींद पर उभरी नज़र आती हैं
जब मैं गिरता हूँ रूई के फाहों की तरह
और टूटकर बिखरता नहीं
एक दलदल है मैं जिसमें धँसने नहीं पाता
नहीं, वो कोई ग़र्त नहीं
वो तो आईने की पीठ है कोई
बेशक्ल हमेशा!

जनवरी के इतवार की सुबह थी लेकिन उतनी सर्द नहीं
अरसे बाद एक टीस के साथ जाना कि मेरे अफ़सोस अब उतने मेरे नहीं रहे
कि मेरी साझेदारियों की ख़ुशी भी अब वैसी नहीं
मैं गुम गया लेकिन ज़ब्त हो जाता हूँ
मुझे अधखाया छोड़ देती हैं ज़िन्दगी की तंग आँतें
स्याहियों की भाप से झाँककर मैं सुनता हूँ
आईनों की पीठ मुझ पर हँसती हैं
मेरे शब्द मुझे अनुकृति लगते हैं
मेरी आवाज़ अनुगूँज।

लेकिन, ये मेरी आवाज़ नहीं थी
जिसे तलाशता था आज सुबह अचानक इतनी बेचैनी के साथ
ये वो तलाश थी जिसे तलाश रहा था
ये वो चेहरा था जिसे कुरेद रहा था
कविता के एक बहुत पुराने आईने पर।

भूखण्ड का ताप ज्वर नहीं बन सका

(चन्द्रकान्त देवताले के लिए)

नदी को तिरछी नज़र से देखती गौरैया
धूला मिट्टी गारा हो चुकी है
अब तक तो कोई बवण्डर नहीं उट्ठा
किताबों में ही फड़फड़ाते रहे अन्धड़!

अक्षरों पर अँगुली रखकर
अब भी कविताएँ पढ़ता है त्रिभुवन
बेचैनी के साथ बदलते हुए चश्मे
एक कुर्सी या ज़्यादा से ज़्यादा
एक कमरे जितनी रह गयी उसकी दुनिया
कमरे के बाहर दरख़्त ऊँघते रहते हैं दुपहरियों में
और भूखण्ड तपता रहता है!

बीड़ी या बाँस या बारिश
त्रिभुवन याद करता है
सत्ताईस साल पुराने वे बिम्ब—
गादी पर पसरे अजगर
पत्थरों पर खुदी आवाज़ें
घोड़ों की गन्ध और
ख़ून से सनी कलाइयाँ
जिन पर होने चाहिए थे सोने के कड़े।

त्रिभुवन उठाता है अख़बार
पुरानी सुर्ख़ियों से ताज़ा ख़बरों का मिलान करता है
भाप का थक्का जो जमा था साँझ के सीने पर
अब घाव पर ख़ून की पपड़ी जैसा हो गया है
शब्द जो बोये थे बारिश में
क्या वह भी बंजर थे
सोचता है त्रिभुवन कविता में लौटते हुए।

भूखण्ड का ताप मनुष्य की अस्थियों का ज्वर नहीं बन सका।

न कहीं उभरा बुख़ार, न कोई देह टूटी
उड़ते रहे मुखौटे, गिरते रहे बुत
साँप-सीढ़ी के खेल में
बुझ-बुझकर राख होते रहे अग्नि-वृक्ष
अँधेरे का रेगिस्तान गँदले उजाले में फैल गया
नदी भी अब नहीं है
जिसे देखा करती थी नीली गौरैया
पक चुका है उसकी आँख का मोतियाबिन्द
जो शायद फूट जायेगा आज या कल या परसों
ज़हर की गाँठ फूटे ना फूटे कभी।

मुमकिन है त्रिभुवन फेंकना चाहे एकाध पत्थर अब भी
कोहनी में दर्द होने के बावजूद।

क्रिसमस : कुछ दृश्य

कैमरे की आँख में झाँकता
क्रॉकोव का गिरजा
बुर्जियों की सलीब पर चाँद।

उड़ते गुब्बारों की ओट
शहर का कैथोलिक चर्च
कबूतर-सी दुबकी काँसे की घण्टियाँ
परिसर में प्रार्थनाओं के पत्थर।

हवा में अंकित समूह-नाच की एक पंक्ति।

सान्ताक्लॉज़ उदास
हरे लॉन में चॉकलेट की पन्नियाँ
ट्रैक्टर के बॉनेट पर कविता की किताब।

इंजील के सफ़हों पर सूखता शब्दों का रक्त!

हलक में अटकी साँझ
सड़क की उधड़ती सीवन
झुटपुटे में खाँसतीं बल्ब की झालरें
हिचकियों पर हकबकाता
दफ़्तर का टाइपराइटर।

औंधा तवा
चिबदी सिम्फ़नियाँ
किताबों में चन्द कुतरे हुए कैरोल्स
वायलिन के गरे में भर्राता
निचला ऑक्तेव!

बन्द खिड़की
दीखती नहीं वह पड़ोस की क्रिश्चियन लड़की
बर्फ़ से बरामद हुई बच्चे की लाश
केक पर काफ़्का की कहानी
मोमबत्तियाँ सिर्फ़ सुबकतीं!

हासिल की हद के सरासर बाहर

नींद में सुनता हूँ कोई बारिश
और उसकी बजती हुई लय
आगे फैलाता हूँ सूखे हाथ
आँखें गुम जाती हैं
बारिश के इतने सुदूर बयाबाँ में

आईने में खोलता हूँ धूप की खिड़की
और आकाश की निलाई को कतरता हूँ ऐनबीच से
बेहद सर्द वह सीसे का आकाश
और यह धूप का धोका
सर्द बेहद सर्द

एक दहकती हुई लकीर मेरे भीतर बुझती-सी
जिसके कभी कोई शक्ल थी

शायद, उधर
कोई गुंजाइश पत्थरों के बीच रखी हुई
इस सुबह गुंजाइश वो
ख़त्म होती ख़ुद पर
साँस की हर गिरह के साथ
खुलती, और खुलती जाती

और मैं, छूट जाता हूँ बहुत पीछे
हर दफ़े बिन छुए जो कुछ
अन्तरालों की खाइयों में
दबा-छिपा है
इतना क़रीब
क़रीबतरीन
के हासिल तक कर सकने की हद के
सरासर बाहर

अब जबके–
तमाम आलम जागा हुआ मुझ पर
अपनी नींद में
मेरे पास कुछ नहीं
कुछ बेकार वहमों के सिवा
जो चन्द चाहनाओं के सिले हैं

और यह–
धूप की बन्द होती हुई खिड़की!

संगीत और पत्थरों की स्मृति के साथ

जिधर लौटना होता है
जिधर से उग आता हूँ हर बार
नाख़ूनों, दीवार पर सीलन के नक़्शों
आवाज़ के हलक में अटकी आवाज़ों
या वसन्त में स्थगित बारिश की तरह।

दो कोष्ठकों के बीच—
जबकि दो कोष्ठक दो धब्बे हैं
नींद के इर्द-गिर्द पसरे हुए
मेरी तरफ़ अपनी उगी जीभें हिलाते हैं
अँधेरे के बीज
पटरियों से नापे जा रहे वक़्त में
चौहद्दे में अर्धनग्न
खिड़की में रुके दृश्य में
ख़ुद को देखकर पहचानता हूँ
और गुम जाता हूँ भूख और रफ़्तार की
निगलती हुई परतों के भीतर

जिधर ज़िन्दगी की खोल है
लीकें हैं अपनी जानी-पहचानी
और अपने घाव हैं।

जिधर लौटना होता है—

चीज़ों की नींद में जागते हुए
संगीत और पत्थरों की स्मृति के साथ
तरतीबों से तय करते शर्तें या मुहलतें
उधेड़बुनों, ऊँघते हुए इलहामों की तरफ़
चश्मा पोंछते बार-बार ऊब की आरामकुर्सी में धँसते
या फीतों की नापजोख के दौरान ठहरते-बुदबुदाते हुए
रेस्तराँ की रोटियों की गन्ध के बीच।

जिधर से उग आता हूँ हर बार—
शहर की आँतों में रेंगता हुआ
शहर की सड़कों पर टाइप करता अपनी पदचाप
एक वापसी से दूसरी वापसी तक
ख़ामोश, स्थिर और आख़िरकार मुतमईन
रूमाल की तहें जमाता शिकनें दुरुस्त करता
बाहर होता किसी आवाज़ की छाँह से
नीले और लाल रंग के बाहर होता हुआ।

दहकते सिरों वाले दरख़्त अँधेरे में छिपे हैं

(महिदपुर : मुहिम और विस्थापन, 22 फ़रवरी 2008)

रसद के साथ और कभी उसके पहले ही चुक जाने वाली
भूख का पता मिला लोभ और ताक़त की
तनी हुई मुट्ठियों की आपसी और पूरी तरह से
बेमेल ज़ोर-आज़माइश में।

बल्लियों पर बामुश्किल टिके सूरज के ठीक नीचे
बिखरे हुए मलबे के ढेर को जिरह की ज़द में
कतई दाख़िल नहीं किया जा सकता
ना मियाद या मोहलत ही थी वैसा
कुछ कर सकने की

छिली हुई क़स्बे की कोहनी
शुरू गरमी के दिन
दरख़्तों के सिर दहकते हैं
हमेशा एक हादिसा ही होता है छतों का छिन जाना
नपे-तुले लफ़्ज़ों वाली क़ानूनी सफ़ाइयों के ऐन पीछे
उन कमज़र्फों के लिए भी जिनके बाप-दादों ने
मुद्दतों पहले दबा ली थी सरकारी ज़मीन
और अब हुक़ूमत का बयान है उनके बाबत—
वे चाहें तो अपने पास रख सकते हैं ईंटें
लेकिन क़स्बे की तरक़्क़ी के मक़सद से

हमें खींच निकालना होगा
उनके पैरों के नीचे से वह बेनिशान रक़बा
जो दर्ज नहीं था नज़ूल महक़मे की
स्टेट के वक़्त वाली पुरानी पंजियों तक में।

इबारत की तरह पढ़े जा सकने वाले चौकन्ने चेहरे
मुस्तैद मुहिम के बाद मलबे की मानिन्द बिखरे दीखते हैं हर तरफ़
फ़ैसले की दीवार के किसी भी तरफ़ गिर सकने वाली क़ानून की हर्फ़ें
और पीले दस्तावेज़ों पर नत्थी पुराने सबूत, और मुग़ालते
हाल-फ़िलहाल तो कोई मदद नहीं कर सकते इनमें से किसी की
हसीना आपा बहस करती हैं तब भी
बताती हैं हाल-मिज़ाज सिरफिरी रसूलन बी
और दिल के दौरे के बाद हस्पताल में पड़े ग़ुलाम मोहम्मद का
और ये भी जोड़ती हैं आगे कि
तीन रोज़ से तालीम दुश्वार है बच्चों की
सरकारी रोटी ने शक्ल नहीं दिखाई मुहिम के दूसरे दिन
और जो ज़मीन मिली है नाले के उस तरफ़
वो इलाक़ा डूब में आता है।

प्रशासनिक हिदायतों की दीवार से उमचकर गिरती रहती हैं उम्मीदें
पूरे दो दिन बेनिशान बस्ती को रौंदने के बाद
अब ख़ामोश है इस्पात का ताक़तवर पंजा
गर्मी और उमस में छेद करती-सी एक टिप्पा छाँह के नीचे
सुस्ता रहे हैं नीली वर्दी वाले पुलिस के जवान
दीवारें जो ढहीं उनमें से कुछ पर हरा चूना पुता है
उफ़्फ़, नामज़द हो चुके हैं रंगों तक के चेहरे।

पहले चाँदशाह का बाड़ा कहते थे फ़कीर मुहल्ले को
और अब बसों की आवाजाही होगी इधर से
तख़्ती टँगेगी एकदम बीचोबीच—गाड़ीअड्डा
बरसों से इस बसाहट को देखते आ रहे थे क़स्बे के बड़े-बूढ़े
इधर की इमली दरगाह, इबादतगाह और
बड़े साब के ठिकाने भी जाने-पहचाने ही थे
बाड़े के बाहर बिछा क़ब्रिस्तान कैसे मलबाघर में तब्दील हुआ
और कब सरहदें खिंचीं ज़ेहनों में या खींची गयीं
बेलगाम आवाज़ों पर चुनावी साल के ख़ास असर को रखते हुए
सचमुच नहीं जानता चौक बाज़ार में तितर-बितर होने और
सूबायत में सुस्ताने वाला यह क़स्बा।

तक़रीबन सराय में तब्दील हो चुके छोटूभाई के अहाते में
ठूँसकर रखा गया है असबाब आधे मुहल्ले का
बोरों के मुँह बँधे हैं और बाशिन्दों का ग़ुस्सा भी
मुल्तवी है अगली रोटी और अगले फ़तवे तक
फिर भी मसीहाई अन्दाज़ में बेपरवाही से
बीड़ी धुनकते हुए कहता है भूरेशाह
जिसका जोरा उसका मोरा, साहब
धुएँ की एक हरकत नस्ती होती है हवा की पीठ पर
एक बेबस सलाम में—हुकम सर आँखों—हथौड़े की ताक़त क़बूलती
और उन हाथों की भी, जो हाल-फ़िलहाल
थामे हुए हैं हथौड़े

बल्लियों से अब सरकते हुए सूरज के नीचे
और और मुश्किल होती जाती है जिरहें
आकाश की तिरपाल में सूराख़ हो जाते हैं अन्देशों जित्ते बड़े
माथे की लकीरों से निकलकर एक गहरे काले और जज़्ब करते दर्रे में

तब्दील होता जाता है नसीबन बी का नसीब
इधर गंगावाड़ी में विस्थापित अँधेरे में छिप चुके हैं दहकते सिरों वाले दरख़्त
और ख़ून के भीतर गाँठों में तब्दील हो रहा है रौंदे जाने का ग़ुस्सा
और भूख, जो महज़ एकाध पहर को मुल्तवी थी।

रंग रोशनी का बदलता है

(ईश्वर के लिए)

गुम्बद है या गुब्बारा
वह उचका हुआ-सा कन्धा कचहरी का
ऊसर खेत से बिजूके-सा दीखता है
इतना उजला, सफ़ेद और शानदार
धूप की दीवार पर दिपदिपाता हुआ धब्बा!

रोशनी की नदी में तैरता जा रहा है छकड़ा एक रुका हुआ

धरती में धँसे पहिये चरमराते हैं
दुपहर सुस्ताती है दरख़्तों तले
शब्दों की मीनार ढहती है आलू के पौदों पर
झुकती जाती है आकाश की दुछत्ती

बहुत दूर यहाँ से जिरह-बहस और परछाइयाँ काले कोट वाली
इतना उचाट उजाला आँख में अटकता है
एक ट्रेन सोच के बीच से धड़धड़ाते गुज़र जाती है
हम उठते हैं अपनी गर्त से आख़िर
और चाय की प्याली में घोलकर पी जाते हैं इत्ती उनींदी राहत
मियाद पूरी होती है वक़्त की गरदन पर कसे जुए की

रंग रोशनी का बदलता है!

सिमट जाता है नीला रूमाल और खुलता है परदा झुटपुटों का
यकायक गुम जाती है कचहरी, खेत, अमरूद का पेड़
आँखों के सामने उभरता है एक की-बोर्ड
शब्द की पीठ पर बयान का कोई बगूला छापता हुआ
छतों से टूटकर गिरते हैं ट्यूबलाइट की रौशनी के ठण्डे फाहे
पर हम अब भी अपने भीतर सवार उसी रुके हुए छकड़े पर
समय की फाँक में औचक फँस जाते हैं!

ऊँघते खेत की मेंड़ पर ढूँढ़ते अपनी धरती
कहीं सीमान्तों सी बिछली
चलते हुए भी रुक जाते हैं!

बुख़ार बचा रह सकता है

मैं धड़कते हुए गुज़र रहा बुख़ार के बरामदे से
मेरी पीठ पर रेंग रहा है पसीना
मेरे ख़ून में चहलक़दमी कर रहा है
चिऊँटियों का दस्ता
शायद दो या तीन दिन में गल जाये यह बुख़ार
लेकिन वह बचा भी रह सकता है
दीवारों में धँसी कारतूसों की तरह

बुख़ार में होना टूटन और इल्हाम एक साथ है!

महज़ सवा या डेढ़ दिन में गुज़र जायेगा यह बुख़ार
लेकिन वह बचा भी रह सकता है
हड्डियों के भीतर कहीं बहुत गहरे
जहाँ से वह दस्तक देता रहेगा
और मैं उसे सुनने को विवश होता रहूँगा!

कई सूरतें हैं जो जानी जा सकती हैं ज्वरग्रस्त होकर
और यह भी कि जानने की सीमाएँ अक्सर चुक जाती हैं
बुख़ार से लौटकर नये सिरे से नकारी जा सकती हैं चीज़ें
लेकिन फिर भी वह बचा रहेगा!

"मैं झुलसा हुआ भीतर से"

कहता था काफ़्का
बुख़ार उसमें बचा रह गया था!
बुख़ार उभर सकता है कहीं भी
घुसपैठ कर सकता है सिनेमा हॉल तक में
जबकि उसे सुनने से इनकार करते रहें हमारे कान
मुमकिन है वह हमारी देह पर उगा हो कहीं।

सैर कर दुनिया की ग़ाफ़िल

शायद वह दुनिया का
सबसे ख़ूबसूरत शहर होगा।

नीदरलैण्ड्स का 'देल्फ़'
जहाँ के उजले रंगों को वर्मीर ने
अपने पनीले-से कैनवास पर उभारा था
जिसकी नहरें हरसोग की फ़िल्म में
आज तलक लहलहाती हैं।

मुझे वो ख़ूबसूरत शहर अपनी इन आँखों से देखना है!

और दैन्यूब की बाँक का वह शहर भी
जर्मनी का "रेगेंस्बर्ग"
जहाँ घनेरे जंगलों की
आदिम दास्तानें हैं।

म्यूनिख़ के दुर्गों को निहारना है
बवेरिया के बावरे राजा ने राजपाट छोड़कर
जिन्हें बनवाया था!

फ़्लोरेंस, जिसके बारे में महाकवि शैली ने कहा था
"फ़्लोरेंस बीनेथ सन/ऑफ़ सिटीज़ फ़ेयरेस्ट वन।"

और, ऑफ़कोर्स, वेनिस।
वेनिस में 'आहों के पुल' पर खड़े होकर
बहोत बहोत सुबकना है!

'नीली देन्यूब' के वो दो दिलक़श सपने
'वियना' और 'बुदापेस्त'।
मुझे 'बूदा कासल' की परछाइयों को
जल में हिलते देखना है।
वियना में मोत्सार्ट की वायलिन की छाँह तले
सपने देखना है।
साल्त्सबर्ग में 'फ़िगरो के ब्याह' वाला
ऑपरा सुनना है।

'एलए' नहीं जाना, पेरिस तक नहीं
बैंकॉक तो बिल्कुल नहीं!

स्ट्रॉसबर्ग में रेड वाइन की ललछौंही ललक
आँख में लिए सिल्विया को खोजना है।
सिल्विया के क़दमों के निशां को छूकर देखना है।

क्रॉकोव देखना है, वॉरसा देखना है,
ज़ख़्मी और लहूलुहान।
'ऑश्वित्ज़' की पटरियों पर बैठकर
इमरे कर्तेश को याद करना है।

लोर्का के ग्रानादा में
'सिएर्रा नेवादा' पहाड़ों को ताकना है।

मालागा के समुद्रतट पर दौड़ना है।
कि मुझे बार्सीलोना में 'कैम्प नोऊ' की
घास बन जाना है!

मैंने प्राग में
'वल्तावा' के पुलों को गिनना है।
'लोरेंत्तो चौपल' की घण्टियों को सुनना है।
क्रीट की 'विंडमिल्स' को सफ़ेद फूलों की तरह देखना है
जैसे देखा था स्त्रोशेक ने,
बावला होकर मर जाने से पहले!

यूनान में 'देल्फी' की सीढ़ियों पर बैठकर
देखना है आदिम रंगशाला का वैभव!
खोज निकालना है खोया हुआ 'कार्थेज',
बिसराया हुआ 'बेबीलोन',
और वो 'मुर्दों का टीला',
जो जाने कैसे हो गया था मटियामेट!

मुझे 'इंसब्रुक' की खिड़की से देखना है
'आल्प्स' का पहाड़,
'बर्मिंघम' की लाल ईंटों की ठण्डी लपट
को अपने हाथों से सहलाना है!
पेरू में कुज़्को के अमर पत्थरों पर लिखना है
अपना नाम।
पहाड़ पर बना वह शहर देखना है,
जो नेरूदा की कल्पनाओं का आलम्बन है।

मुझे यूकायाली नदी के वर्षावनों में

पहाड़ों पर गुमे जलपोत को खोजना है,
जैसे खोजा था फ़िट्ज़काराल्डो ने!

अमरीका के दक्खिन में
मेम्फ़ीस, टेनसी और मिसिसिपी
की बेमाप सड़कों पर भोर से साँझ तक
चलते चले जाना है
फ़ॉकनर के कथादेश में।

और समरकन्द में आलूबुख़ारे जैसे गालों वाली
अज़रबैजानी दोशीज़ाओं के भोले प्यार में
मुझे हो जाना है गिरफ़्तार!

किर्ग़ीज़िस्तान की 'इस्सीक कूल'
कहते हैं दुनिया की सबसे हसीन झील है
उस झील के शीशे में अपना चेहरा
निहारना है।
मैंने 'मानसरोवर' के हंसों को
जलऊर्मियों पर तिरते देखना है
और वर्ड्सवर्थ की कविता को याद करना है
"द स्वैन एण्ड द शैडो/फ़्लोट डबल!"

बीकानेर और जैसलमेर की गलियों में
भटकना है।
बनारस के घाटों पर बैठकर
मलाईदोना खाना है।
ब्रह्मपुत्र की बाँक को वन की रोमावलियों में
गुम होते देखना है।

मैंने दार्जीलिंग की हवा में साँस लेते हुए
देखना है कंजनजंघा पहाड़!
लैंसडोन के सेंट मेरी चर्च में ढूँढ़ना है
एक खोया हुआ हेयरक्लिप!

हिमालय की सफ़ेद बर्फ़ पर
मैंने भूरे रंग का रेखांकन करना है।
बुराँस के फूलों को बालों में खोंसकर
कलगीवाले मुर्गे की तरह इतराना है।

एक दिन अपने शहर से झोला उठाकर
चल देना है मैंने, सच बतलाता हूँ!

एक दिन, ज़रूर ही!

ये जुलाई है और मैं कुछ भी नहीं बनना चाहता हूँ!

मैं फ़रवरी की दोपहरों में मोहनजोदड़ो की एक सड़क बन जाना चाहता था।

उस निर्जन नगर के मानचित्र का एक पृष्ठ, जिसके करुण लुभावने मोह ने मुझे आद्योपान्त ग्रस लिया था। उसके स्नानागार की एक ईंट, जहाँ सैन्धव मातृकाओं के लिए अनुगायन करती होंगी सद्यस्नाताएँ!

मार्च की शामों में चाहता था कि बार्सीलोना के कैम्प नोऊ की घास बन जाऊँ!

जहाँ एक देवता ने अपनी देह की जादुई लय को इतनी मर्तबा इतने तरीक़ों से व्यक्त किया था कि जैसे स्पेस में मौजूद व्यूहों का कोई अस्तित्व ही ना हो।

एप्रिल की रातें वॉरसा और क्रॉकोव के स्वप्नों से भरी थीं!

जहाँ की सड़कों पर वेरोनिका इस तरह चलती थी मानो पीली रोशनी के गलियारे में तैर रही हो अपनी मृत्यु के परे।

और मैं चाहता था कि उन रास्तों पर एक लैम्प पोस्ट बनकर उसे अपलक निहारूँ।

मई में जब तप रहा था निदाघ, मैं शिद्दत से सोचता रहा मैं क्यों नहीं हूँ न्यूपोर्ट के अहातों में ऊँघता चीड़ का एक दरख़्त!

जहाँ सन् चौंसठ में बॉब डिलन ने अपनी गिटार पर गाया था 'मिस्टर टैम्बूरिन मैन', और घास पर बैठकर उसको यों सुन रहे थे एक मृत सदी के नागरिक, जैसे कि वे अनन्तकाल तक जीवित रहने वाले हों!

मुझे जून की पहली तारीख़ याद आती है, जब सोच रहा था कि अगर तालकटोरा गार्डन्स का चायघर प्रेमियों का पिलग्रिमेज है तो मुझे क्यों नहीं डूब जाना चाहिए वहाँ पर पच्छिम का सूरज बनकर!

और यह किसी करिश्मे से कम नहीं था कि तीसरी तारीख़ को मैं मौजूद था ऐन उसी जगह पर। मैं डाल से टूटा एक पत्ता था वहाँ, जहाँ मेरे जन्म से भी पहले दीप्ति ने टूटी-फ्रूटी आइसक्रीम खायी थी!

मैं वह सब होना चाहता था, और मैं वह सब बन भी गया!

एक सड़क, एक ईंट, घास का एक तृण, लैम्प पोस्ट, दरख़्त और सूखा पत्ता।

नहीं, मैं उनमें से एक भी शख़्स नहीं था, जिसकी कल्पना आपने मेरे बारे में की और मुझे पहना दिया अस्थियों का यह मुकुट!

ये जुलाई है और अब मैं कुछ भी नहीं बनना चाहता हूँ!

सिवाय एक अन्धकार के!

मीमांसकों का भावरूप अन्धकार नहीं, महायानियों का अभावरूप तिमिर!

मैं अब कुछ नहीं कहलाना चाहता किन्तु चाहो तो पुकार लो मुझको
भाद्रपद का कृष्ण पक्ष!